corsaires et pirates

Tricorne utilisé par
les acteurs de théâtre

Doublons d'or
et « pièces
de huit » en
argent venant
d'Espagne

Télescope
en carton

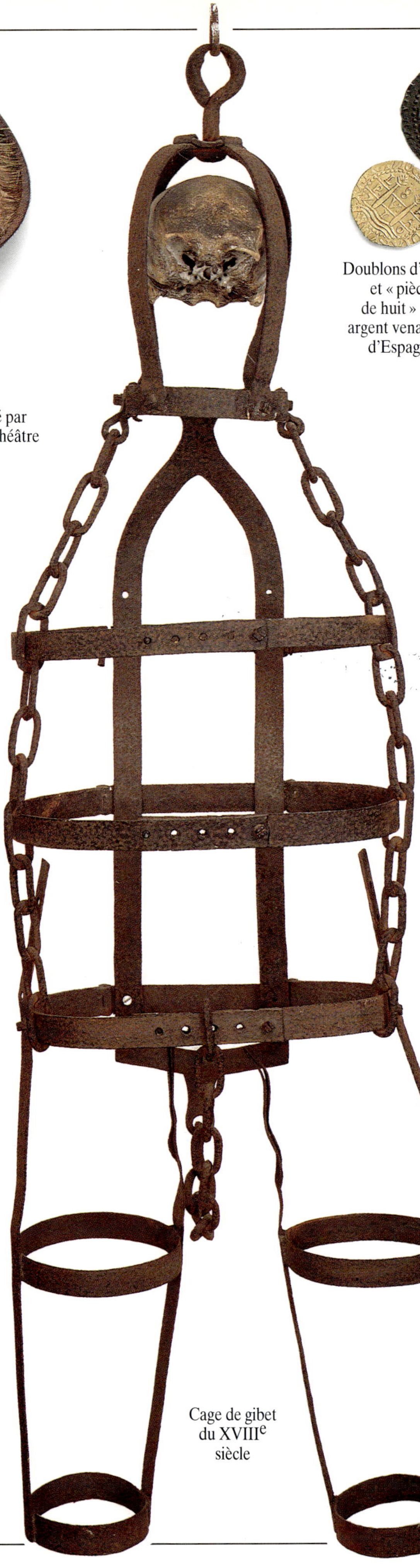

Cage de gibet
du XVIIIe
siècle

Epée du XVIIe
siècle appartenant à
un corsaire algérien

Bague avec le
crâne et les deux
os croisés

corsaires et pirates

Bagues en or
provenant d'un
trésor pirate

par
Richard Platt
Photographies originales de Tina Chambers

Ce sloop était le type
de navires utilisés par
les pirates des
Caraïbes

Poire à poudre
portant la croix
des Chevaliers
de Saint-Jean

Compas de marin avec
un cadre en ivoire

GALLIMARD

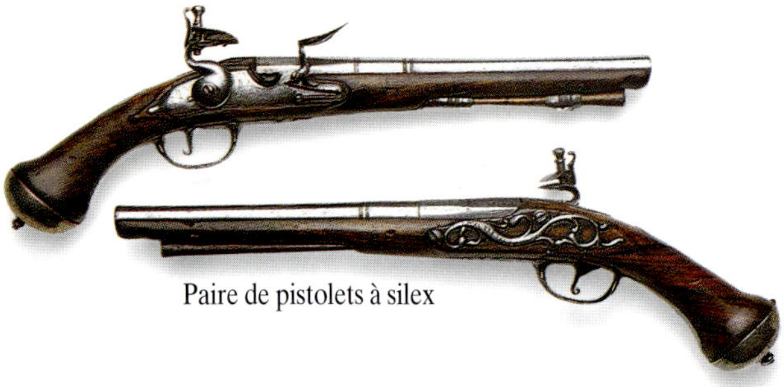

Paire de pistolets à silex

Coutelas d'un boucanier du XVIIe siècle

Cape d'un capitaine pirate du XVIIe siècle

Comité éditorial

Londres :
Simon Adams, Ann Cannings, Céline Carez,
David Cordingly, Julia Harris, Giselle Harvey,
Bridget Hopkinson

Paris :
Christine Baker, Nathalie Corradini
Catherine Destephen
Françoise Favez et Jacques Marziou

Edition française préparée par
Jean Randier, de l'Académie de marine, Paris

Publié sous la direction de

Peter Kindersley,
Jean-Olivier Héron
et
Pierre Marchand

Compendium pour navigateur astronome

Les joyaux d'un trésor pirate

ISBN 2-07-058692-8
La conception de cette collection est le fruit
d'une collaboration entre les Editions Gallimard
et Dorling Kindersley

Loi n° 49-956 du 16 juillet 1949
sur les publications destinées à la jeunesse
Dépôt légal : février 1995.
N° d'édition : 70197
Imprimé à Singapour

SOMMAIRE

Coffre au trésor français du XVIIe siècle

LE MONDE DES FORBANS DES MERS

Qui étaient les pirates ? D'audacieux individus qui s'abattaient sur les flottes de l'or et rentraient au port les cales pleines de trésors ? De cruels brigands de la haute mer ? Des aventuriers finançant des expéditions de malandrins au large ? Ils pouvaient être tout cela à la fois, le mot pirate signifiant seulement pilleur maritime, mais se répartissaient néanmoins en groupes « spécialisés ». Les corsaires recevaient des autorités de leur pays une autorisation officielle de rançonner les navires ennemis pour le compte de l'État. Dans les Caraïbes les boucaniers ex-chasseurs brigandaient pour eux-mêmes ou prêtaient main-forte aux flibustiers, ces marins dévoyés dans la piraterie. Tous ne rêvaient que d'or, de liberté et de jouissances.

BRETTEURS HÉROÏQUES
Peu de pirates vivaient les rôles que montrent les images populaires. En 1719, le pirate Howell Davis utilisa d'audacieux stratagèmes pour prendre les navires de la côte guinéenne.

CIBLES TENTATRICES
Les vaisseaux des compagnies des Indes qui voyageaient entre l'Europe et l'Asie étaient les plus difficiles à prendre, mais en revanche les plus richement chargés. Aux premiers âges de la grande piraterie de haute mer les galions espagnols des flottes de l'or firent rêver plus d'un aventurier.

Les richissimes compagnies des Indes n'hésitaient pas à enrichir d'une dorure à l'or fin les sculptures de poupe de leurs navires.

PIRATES DE L'ÉCRAN
La frontière entre la réalité et la fiction est mal définie à Hollywood. Ici, dans *Barbe Noire le Pirate*, ce dernier est poursuivi par Henry Morgan, qui était mort depuis trente ans lorsque Barbe Noire était au faîte de sa gloire !

PROMESSES DE RICHESSES
Cette illustration extraite d'une édition de *L'Île au Trésor* montre les pirates ensachant leur butin. Bien que le mythe ait été entretenu autour des fabuleux trésors que les pirates amassaient et cachaient dans des sites romantiques, la vérité oblige à dire que tous les aventuriers des mers ne firent pas fortune, tant s'en faut.

Les tourillons permettent au tube du canon de pivoter verticalement.

Cale en bois pour pointer le canon en hauteur

VIVRE À LA DURE
La vie des marins du XVIIe et du XVIIIe siècle était d'une effroyable dureté comme le suggère ce poème du « Poor Jack » (Pauvre marin). Beaucoup ne revirent jamais leur village. On mourait beaucoup sur les navires à cause du travail ou des mesures disciplinaires. Parfois on était embrigadé de force dans les ports pour être embarqué séance tenante sur un gros vaisseau de guerre étranger à court d'hommes. Des marins désertaient volontiers pour devenir pirates, se sentir libres et tenter leur chance.

Pauvre marin prenant la mer, parfois pour ne jamais revenir

PIRATES EN IMAGES
Pour les écrivains et les illustrateurs, les pirates ont été pendant des siècles un thème inépuisable de folles aventures. L'illustrateur américain Howard Pyle est l'un des artistes les plus talentueux qui recréèrent le monde de ces loups de l'océan du XVIIe siècle. Cette seule image en est un vivant témoignage.

BRUTES BARBARES
L'épithète pirate dépendait de la manière de voir de celui qui l'employait. Ici, les Barbaresques attaquent un navire de commerce. Ce sont des pirates aux yeux des Européens, mais de l'autre côté de la Méditerranée, les assaillants sont de valeureux corsaires.

FAIRE RÉGNER LA TERREUR
Les pirates entretenaient eux-mêmes la réputation de cruauté qui les entourait. La terreur était de rigueur dans les abordages. On s'assurait ainsi d'une reddition plus rapide de l'équipage, et si tel n'était pas le cas, ceux qui résistaient étaient punis, battus et mis à mort.

DIABLERIES
Des pirates « populaires » tels que ceux dépeints par Charles Elms dans son ouvrage *Le Livre du pirate*, accréditèrent les légendes autour des pouvoirs surnaturels de ces héros mythiques. Cette illustration montre un capitaine téméraire échangeant avec le Diable une mèche de ses cheveux contre un peu de vent pour faire route.

Canon du XVIIIe siècle, ayant armé un navire de René Duguay-Trouin, corsaire du roi

CANON D'ALARME
Un seul coup de canon signalait à un navire rencontré l'instruction de montrer son pavillon sous peine d'être considéré comme un ennemi. Pirates et corsaires trompaient leurs victimes en envoyant un pavillon ami.

DE L'OR AU GRAPPIN
Lancé dans les haubans du navire attaqué, le grappin de fer accroché au bout d'un filin servait à maintenir les deux bâtiments bord à bord durant l'abordage. Parfois celui-ci n'avait pas lieu, l'équipage du navire attaqué se rendant sans chercher à combattre.

Une forte ligne était amarrée sur l'organeau.

Les pattes à barbules du grappin sont prévues pour tenir bon dans le gréement une fois l'engin « croché ».

QUAND LA MÉDITERRANÉE ÉTAIT LE CENTRE D'INTÉRÊT DES PREMIERS PIRATES

Quelques-unes des grandes civilisations du monde naquirent sur les rivages de la mer Méditerranée et de la mer Égée. Mais les usages du monde étant ce qu'ils sont, ces lieux furent aussi le berceau de la piraterie. Le paysage marin, d'ailleurs, s'y prêtait : criques, îlots, archipels constituaient autant de repaires pour les brigands. La tactique, elle, était enfantine : les navires marchands voyageant de cap en cap, les guets-apens s'y trouvaient placés naturellement. Si les pirates attendaient assez longtemps aux abords d'une route marchande, les prises intéressantes ne manquaient pas de doubler le cap derrière lequel les forbans étaient généralement cachés. Ils attaquaient aussi les villages, kidnappant les habitants pour obtenir une rançon ou les vendre comme esclaves. La puissance des cités-États grecques augmentant, elles armèrent des navires pour tenter de mettre les pirates sous leur contrôle.

TRAQUENARDS
Un combat naval vieux de 25 siècles est un précieux document au plan archéologique. L'histoire nous révèle qu'à cette époque la mer Egée était infestée de bandes rivales qui se livraient des combats sans merci sous prétexte de défense d'eaux territoriales. Nul n'établit jamais la frontière entre la piraterie et le bon droit.

Transport de bois faisant route toutes voiles dehors

Une galère rapide à la voile et à la rame

L'éperon éventrera-t-il le flanc du navire marchand ?

Cette coupe est dans la tradition des vases peints athéniens du VIe siècle avant notre ère.

GALÈRE ASSYRIENNE
Les Grecs semblent avoir été les premiers à inventer un mot (*peiratês*) pour désigner les pirates qui sévissaient à leur époque. Mais les Assyriens attaquaient sans doute les pirates dans des galères comme celles-ci.

RIPOSTE PHÉNICIENNE
Les Phéniciens avaient, depuis Tyr et Sidon (le Liban d'aujourd'hui), établi un courant de trafic maritime très prospère dès le VIIe siècle avant notre ère. Leurs navires marchands transportaient aux quatre coins de la Méditerranée de riches cargaisons d'étain, d'argent, de cuivre et d'ambre qui excitaient la convoitise des pirates grecs. Bientôt une flotte de guerre puissante fut créée pour la défense des convois. Sur cette pièce de monnaie phénicienne figure une galère de guerre.

Shekels d'argent de la vieille cité phénicienne de Tyr

AU POIDS DE L'OR
L'origine des monnaies importait peu, le change n'ayant aucune valeur. Seul comptait le poids des métaux précieux, or, argent, et c'était en fin de compte aux balances de prononcer leur jugement. Les nations étaient libres ensuite de battre monnaie aux effigies de leur choix.

RETOUR DANS LE PASSÉ
Les pirates de l'Antiquité ne construisaient pas de vaisseaux particuliers mais utilisaient ce qui leur tombait sous la main. Néanmoins ils préféraient les galères à faible tirant d'eau, plus rapides et plus faciles à manœuvrer, et qui leur permettaient, en cas de poursuite, de passer au-dessus des rochers qui tapissaient les eaux côtières.

PIRATERIE MYTHOLOGIQUE
La mythologie grecque évoque l'histoire d'une bande de pirates fous qui capturèrent Dionysos, le dieu du vin, en espérant lui soutirer une bonne rançon. Mais le dieu, ayant plus d'un tour dans son outre, prit l'apparence d'un lion et transforma les brigands en dauphins condamnés au régime sévère de l'eau salée. L'histoire se retrouve dans la mythologie romaine pour son homologue, le dieu Bacchus.

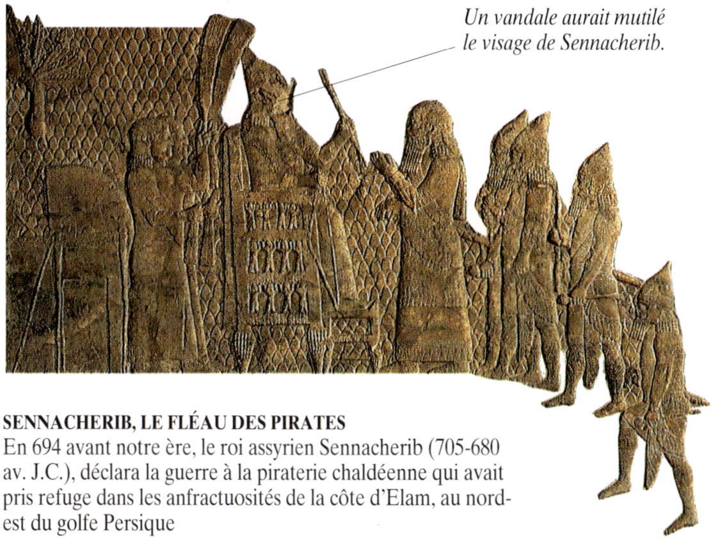

Un vandale aurait mutilé le visage de Sennacherib.

SENNACHERIB, LE FLÉAU DES PIRATES
En 694 avant notre ère, le roi assyrien Sennacherib (705-680 av. J.C.), déclara la guerre à la piraterie chaldéenne qui avait pris refuge dans les anfractuosités de la côte d'Elam, au nord-est du golfe Persique

ALEXANDRE LE GRAND
De 356 à 323 avant notre ère, Alexandre le Grand régnait sur la Grèce. Vers 330, las des attaques incessantes des pirates sur le trafic marchand, il décida une opération de nettoyage. Interrogeant un pirate captif sur les raisons de son « métier », il s'entendit répondre : « Les mêmes raisons qui vous font guerroyer avec le monde entier ! Moi je navigue avec un petit bateau, et on m'appelle pirate, vous, vous avez de grands navires pour porter partout la guerre, on vous appelle empereur. »

CAPITAINES MARCHANDS
Quel pouvait être leur sentiment lorsque à l'horizon apparaissait, faisant force de rame sur eux, une fine galère chargée de féroces chasseurs de butin ? Leur gros navire ventru, poussé par la brise sur une médiocre voile carrée, devenait une proie facile.

Nef ronde, garantissant une bonne capacité

Modèle en terre cuite d'un navire marchand, VIe siècle av. J.-C.

ROME LUTTE CONTRE LES PIRATES

« Entrez et déchargez, votre cargaison n'est pas encore vendue. » C'est avec ce slogan que le port de Délos, en mer Égée, attirait les navires marchands… mais aussi les pirates. Ce port, actif de 500 av. J.-C. à 476 ap. J.-C., faisait partie de l'Empire romain. La piraterie, qui y vendait ses prises, marchandises et esclaves, aux riches Romains qui ne posaient pas de questions, était devenue une réelle menace pour le commerce méditerranéen. En 67 av. J.-C., alors que le blé d'Afrique n'arrivait plus à Rome en raison des attaques des pirates, une immense flotte de guerre, conduite par Pompée, réussit à encercler les pirates, tandis que l'armée romaine écrasait leur base en Cilicie. Mais cette campagne ne résolut les problèmes que pour un temps, et les pirates restèrent menaçants.

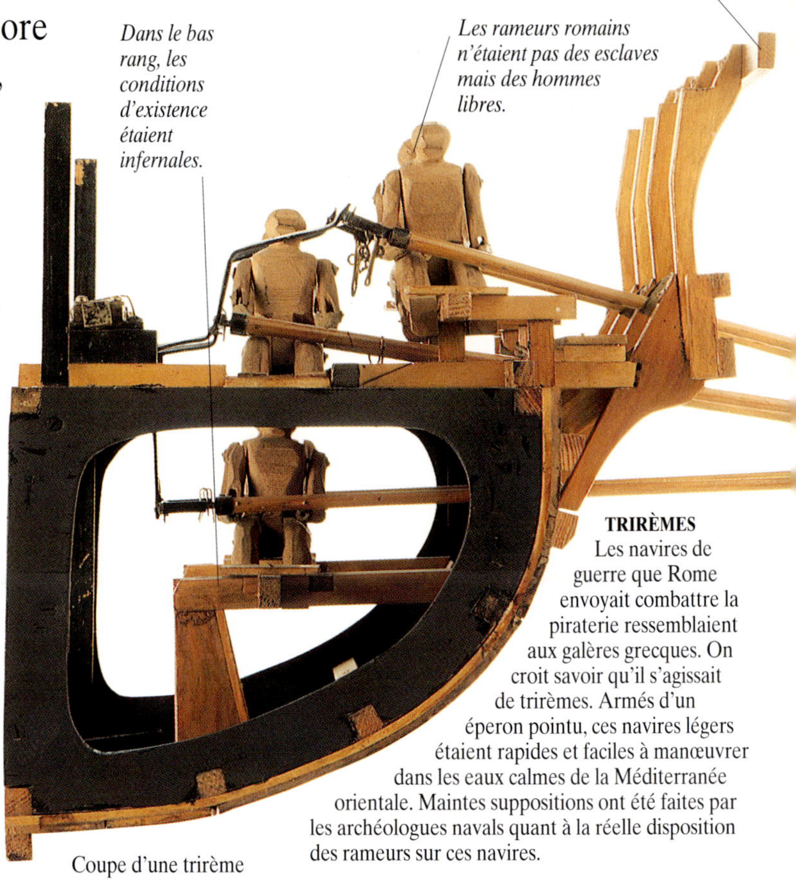

Coupe d'une trirème

TRIRÈMES
Les navires de guerre que Rome envoyait combattre la piraterie ressemblaient aux galères grecques. On croit savoir qu'il s'agissait de trirèmes. Armés d'un éperon pointu, ces navires légers étaient rapides et faciles à manœuvrer dans les eaux calmes de la Méditerranée orientale. Maintes suppositions ont été faites par les archéologues navals quant à la réelle disposition des rameurs sur ces navires.

Dinar d'argent frappé à l'effigie de César

PRIS PAR LES PIRATES
En 75 av. J.-C. le jeune Jules César (101-44 av. J.-C.) fut capturé par les pirates lors d'un voyage d'étude vers Rhodes. Il resta captif six semaines dans une petite île ionienne en attendant le versement de la rançon. La vengeance de l'empereur fut terrible. Les pirates furent capturés et crucifiés.

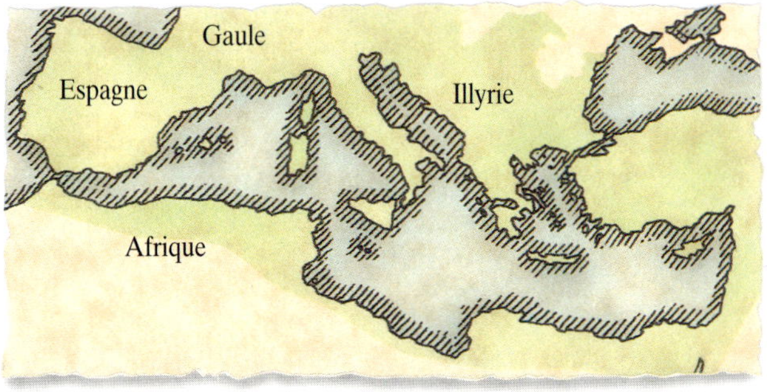

LE MONDE ROMAIN
Cette carte montre l'étendue de l'Empire romain qui était implanté tout autour de la Méditerranée.

VOYAGES INTERMINABLES
De grandes corbitas rondes comme celle-ci constituaient la majorité des navires de la flotte de grain de Rome. Lourdement chargés, ils étaient lents et la piraterie n'avait aucune difficulté à s'en emparer tandis qu'ils suivaient la côte d'Alexandrie vers Carthage, puis traversaient vers Ostie, le port de Rome.

PRÉCIEUSE CARGAISON
Le blé était déjà cultivé pendant l'Antiquité. Il ne manquait pas de ports intéressés par les livraisons de cet aliment vital. Le fret était bon et la vente de la cargaison très lucrative.

RENÉGAT ROMAIN
Fils du grand chasseur de pirates Pompée, Sextus Pompeius (67-36 av. J.-C.) se fit lui-même pirate pour combattre son rival politique Octavien. Depuis sa base en Sicile, il conduisit des attaques sur la côte italienne et en fit le blocus avec succès, jusqu'au moment où il fut vaincu par la flotte d'Octavien devenue plus puissante.

MAUVAIS ŒIL
Tout comme leurs confrères pirates grecs, ceux de l'Empire romain, ainsi que le montre cette fresque, avaient peint sur leur étrave un œil pour chasser les dangers autant que pour apercevoir leurs prises. Bon œil ? Mauvais œil ?

Le rythme de la nage et la longueur des avirons conditionnent la vitesse de la galère.

COUPE CLASSIQUE
Les Romains n'étaient pas marins, comme l'étaient naturellement les Grecs, qui, dans leur domaine insulaire, devaient savoir naviguer en naissant. Les constructeurs navals de Rome introduisirent donc peu de changements dans le dessin classique des galères. Lorsque, contraints et forcés, ils durent gagner le large pour défendre leurs côtes, ils copièrent les trirèmes hellènes.

La forme des amphores facilitait l'arrimage dans la cale des navires. Côte à côte, elles formaient un lest compact.

Les anses des amphores (enfilées sur des perches) facilitent le transport.

GLOIRE DE L'AMPHORE
Lorsqu'il s'agissait du transport de liquides, tout le trafic méditerranéen se faisait au moyen des classiques amphores. Voyageaient surtout des vins et des huiles d'olive, chargements convoités par la piraterie.

CHASSEUR DE PIRATES PERSES
Tandis que la Méditerranée avait été débarrassée des pirates par Rome, le golfe Persique à son tour voyait se dérouler une vaste opération de police maritime décidée par le roi de Perse Shapur (309-379). Ce féroce chasseur de pirates fut surnommé le Prince des épaules, surnom dû à son horrible pratique de faire enfiler les épaules percées des captifs sur une longue corde, pour les garder comme des perles sur un collier.

Pointes de flèches vikings

HACHE DE GUERRE
La hache à long tranchant était l'arme favorite des Vikings. Entre les bras puissants d'un pirate aguerri, elle abattait un homme d'un seul coup. Mais pour les combats sur mer, de navire à navire, on préférait une hache d'abordage plus petite.

L'ornementation d'argent indique à l'évidence qu'il s'agit là d'une arme de prestige.

LE VENT DU NORD AMÈNE LA TERREUR

Dès le IXe siècle, les voiles vikings, jaillies de l'horizon, semaient la terreur parmi les populations côtières du nord de l'Europe. L'alerte courait de village en village : les pirates allaient débarquer. Les terrifiants guerriers scandinaves poussaient leurs incursions jusque loin dans les terres. Depuis longtemps déjà, de leurs propres rivages, à bord de barques armées, ils arraisonnaient les navires marchands qui passaient à leur portée. Puis, lorsqu'ils osèrent gagner la haute mer, nul pays riverain ne fut à l'abri de leurs raids. Les bateaux vikings écumaient les mers nordiques à la recherche de butin. Ils ne furent pas les premiers pillards à venir de la mer, ni les derniers à ravager les côtes infortunées de ces régions.

Argent et cuivre entrelacés complètent l'ornementation de cet élégant fer de lance.

LA TERREUR DU SAXON
Cinq siècles avant les Vikings, les pirates saxons harcelaient déjà le commerce maritime. Pour se défendre, les maîtres romains de l'Angleterre de ce temps créèrent une première flotte de guerre et des défenses terrestres. Le navire saxon à fond plat, comme celui-ci, pouvait pénétrer au plus profond des estuaires.

LE MOINE NOIR
Une légende du XIIIe siècle raconte qu'Eustache le Moine, après avoir pactisé avec le Diable, pouvait rendre ses navires invisibles. Le charme dut rester inopérant lors d'une attaque de la côte anglaise : aveuglé par des nuages de chaux vive lancés de la côte, Eustache fut capturé, jugé et pendu.

SEMER L'EFFROI
La gloire du Viking s'exaltait dans la bataille. La férocité y était de rigueur, et rien n'était épargné pour donner aux guerriers l'aspect le plus terrifiant, comme en témoigne ce masque de bois sculpté sur une embarcation.

JONGLERIES
Les Vikings savaient saisir au vol les lances qui les menaçaient, et les retourner contre leurs ennemis.

Aviron de gouverne

DOUBLE TRANCHANT
Glaive, estramaçon, une arme au tranchant redoutable

La poignée de bois et d'os a disparu.

DÉCOLLATION
Après une carrière de pirate bien remplie en mer du Nord, le sieur Klein Henszlein connut en 1573 une fin qui ne manqua pas d'une certaine grandeur. Sa tête et les trente-deux têtes de son équipage furent tranchées en un rien de temps, puis exposées en rang sur la place publique pour décourager les nouvelles vocations d'écumeurs des mers.

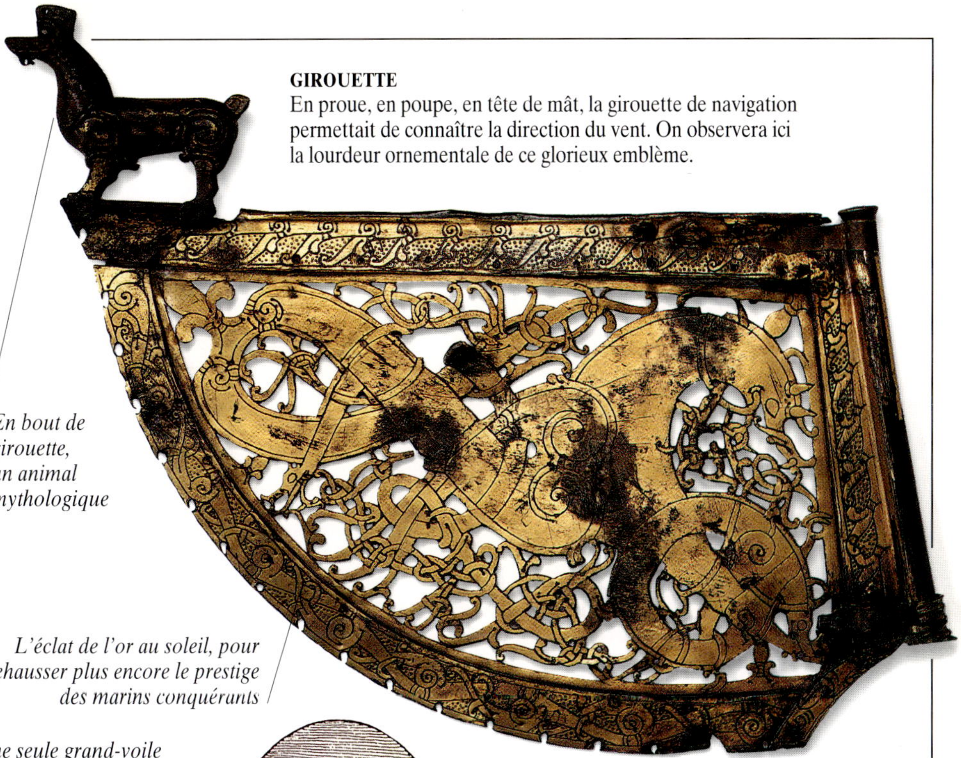

GIROUETTE
En proue, en poupe, en tête de mât, la girouette de navigation permettait de connaître la direction du vent. On observera ici la lourdeur ornementale de ce glorieux emblème.

En bout de girouette, un animal mythologique

L'éclat de l'or au soleil, pour rehausser plus encore le prestige des marins conquérants

L'ART NAVAL
Les Vikings furent de grands bâtisseurs de navires. Ils surent créer pour leurs bateaux des formes admirables confirmées par une excellente tenue à la mer. Légères, rapides et faciles à gouverner ces longues embarcations propulsées autant par le vent que par les avirons pouvaient affronter le large. Cette indépendance vis-à-vis des éléments rendait impuissantes les flottes lancées à leurs trousses. Leur surprenante mobilité explique le succès de leurs raids éclairs.

CAPTAIN DU « CHIEN ENRAGÉ »
Autre écumeur de mers en Baltique et en mer du Nord, au XIVe siècle, Störtebeker devait son nom aux immenses chopes de bière *(beaker)* qu'il était capable d'ingurgiter et qui servaient aussi d'épreuve d'intronisation aux postulants pirates. On a dit aussi qu'il avait fait fondre l'or de ses pirateries en longues barres qui auraient servi d'armature centrale aux mâts de son navire *le Chien enragé.*

UN NOM PROGRAMME
En scandinave « viking » signifie partir pour un raid maritime. Les expéditions aventureuses des cinquante risque-tout, embarqués sur leurs longs canots agressifs, flanqués de boucliers, leur ont donné leur nom.

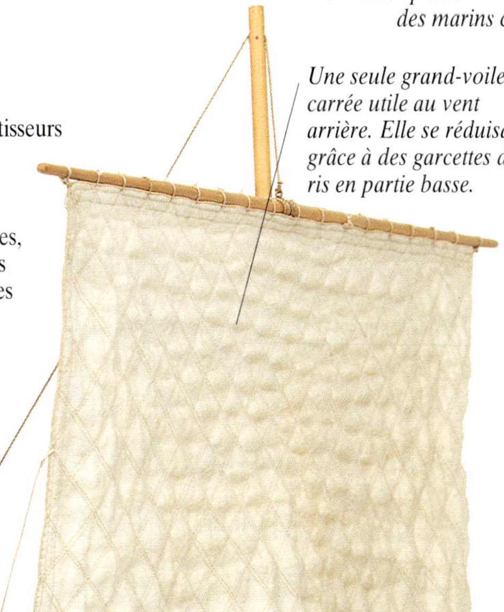

Une seule grand-voile carrée utile au vent arrière. Elle se réduisait grâce à des garcettes de ris en partie basse.

Proue en forme de tête de serpent

Avirons pour le cabotage

Quille

LES BARBARESQUES À L'ABORDAGE

Au XIe siècle, les croisés venus d'Europe appelaient leurs adversaires musulmans les « barbares ». De là vient le nom de « pirates barbaresques » donné aux brigands de mer de l'Islam. La plupart étaient issus des côtes australes de la Méditerranée. Avec leurs galères rapides, les musulmans croisaient sur les routes des navires marchands de Venise et de Gênes à la recherche de main-d'œuvre pour leurs navires ou leurs grands chantiers à terre. À tout moment les navigateurs chrétiens pouvaient tomber entre les mains de ces féroces esclavagistes, se voir dépouillés de leurs biens et jetés nus sur les bancs de nage des galères, pour le reste de leur vie. Les nefs chrétiennes et les galères du Croissant s'affrontèrent en de sanglants combats pendant six siècles. Les Barbaresques étaient redoutés de toutes les marines méditerranéennes, et leurs exploits faisaient d'eux des héros dans le monde de l'Islam.

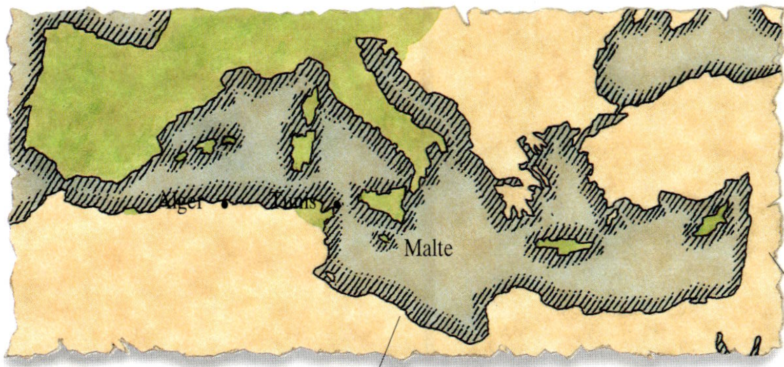

L'Afrique du Nord patrie des corsaires barbaresques

Lors des croisades, chrétiens et musulmans s'affrontaient pour la Terre sainte.

CÔTE DE BARBARIE
Les musulmans s'emparèrent du nord de l'Afrique au VIIe siècle. Poursuivant leur conquête au-delà du détroit de Gibraltar ils s'installèrent en Espagne puis en France, terme de leur progression dans le Nord.

DEUX FRÈRES BARBEROUSSE
Barberousse fut le surnom donné à deux puissants maîtres d'Alger : Aruj et Kheir-ed-Din dont le visage effectivement était encadré de cet ornement pileux d'un roux incendiaire. Aruj fut tué en 1518. Son frère dirigea la résistance contre l'adversaire héréditaire espagnol avec tant de succès qu'il fut considéré comme un grand chef de guerre et homme d'État y compris par ses ennemis.

DEVENIR TURC
Sir Francis Verney (à gauche) fut l'un de ces Européens qui se firent turcs et rejoignirent les corsaires barbaresques. Ces hommes étaient appréciés pour leurs connaissances nautiques. Ils payaient des taxes aux princes barbaresques sur les prises qu'ils faisaient et recevaient d'eux assistance et protection en retour. Ces renégats chrétiens optaient parfois pour la religion musulmane.

La coiffe richement brodée de Verney

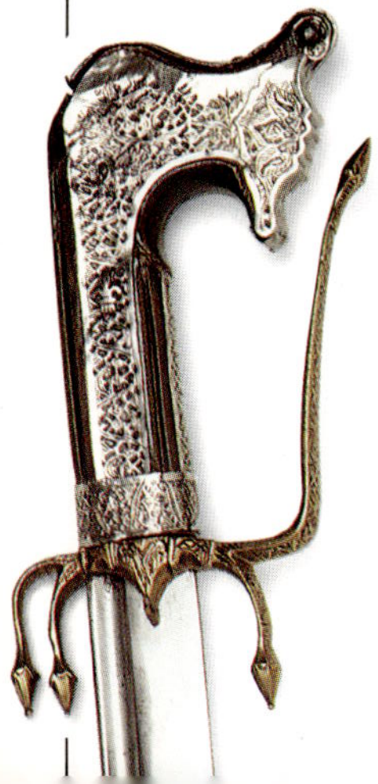

COMBATS SUR MER
Les corsaires barbaresques employaient des esclaves pour ramer sur leurs galères mais non pour se battre. En revanche, les janissaires musulmans (troupes d'élite), bien entraînés et très disciplinés à la manière militaire, fournissaient l'élément combatif. Quand une galère barbaresque accostait un vaisseau chrétien, cent janissaires montant à l'abordage avaient vite fait de s'emparer du bâtiment. Peu de navires marchands purent échapper à de telles attaques.

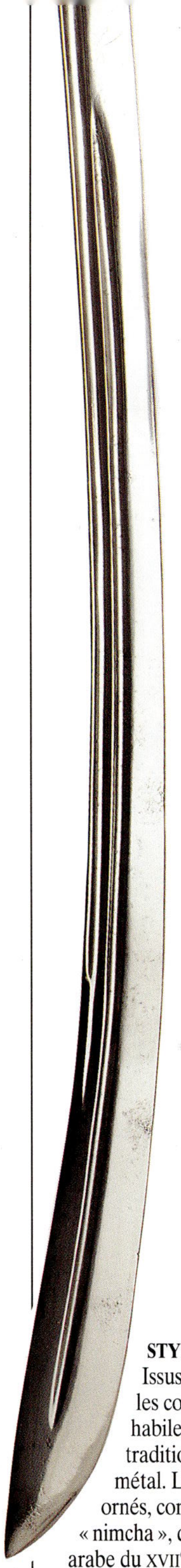

CHEMIN VERS LA LIBERTÉ
Les pères rédempteurs se chargeaient de négocier des rançons pour libérer les captifs des Barbaresques. Au long de plusieurs siècles de piraterie, la côte de Barbarie vit intervenir plusieurs de ces missions mais aux derniers jours de cet infernal brigandage des conventions financières furent passées entre les deux parties pour assurer la sécurité du commerce par mer.

ATROCITÉS
Pour mobiliser l'opinion contre les Barbaresques l'imagerie populaire ne manqua pas d'imagination, comme en témoigne cette gravure.

Galère barbaresque vue par tribord

RAIDS ÉCLAIRS
Les galères barbaresques transportaient des esclaves et des combattants si nombreux à nourrir et à loger que les périodes en mer étaient très courtes. Les raids étaient donc brefs et violents. Le capitaine ou « rais » était chargé de la navigation et l'« agha », chef des janissaires, commandait les opérations guerrières.

STYLETS STYLÉS
Issus d'une grande civilisation, les corsaires barbaresques étaient habiles en certains arts traditionnels, comme le travail du métal. Les sabres étaient richement ornés, comme celui-ci, nommé « nimcha », qui appartenait à un corsaire arabe du XVIIe siècle.

Aux escales, les esclaves raclaient la coque pour ôter tout ce qui pouvait freiner l'allure.

Les fines galères arabes pouvaient filer jusqu'à 9 nœuds en vitesse de pointe.

Chaque aviron était manié par un groupe de six galériens enchaînés.

Des babouches souples sont idéales pour les climats chauds. On les fait orner pour les gens de qualité.

pour toutes circonstances

GENTLEMAN PIRATE
Ce manteau fut porté par le Britannique Sir Francis Verney (1584-1615) qui passa dans le clan des barbaresques en 1607, par provocation, reniant ainsi ses origines et sa religion. Après avoir capturé quelques navires anglais il fut lui-même capturé par une galère italienne et condamné aux travaux forcés où il mourut à l'âge de 31 ans.

GALÉRIENS
Comme partout, la vie des galériens à bord des navires barbaresques était atroce. La faim et le fouet tuaient autant que l'effort de ramer. Mais la main-d'œuvre ne manquait jamais : pour remplir les bancs vides on vidait les prisons.

MALTE S'ENRICHIT GRÂCE AUX CORSAIRES

La défense de leur foi et l'appât des richesses inspirèrent les luttes sans merci des corsaires maltais contre les Barbaresques. Les chevaliers de Saint-Jean-de-Malte subventionnaient les campagnes contre les « infidèles » de l'Islam. Le plus souvent, eux-mêmes capitaines de leurs navires, portant très haut leur idéal, les chevaliers n'avaient pour but que la lutte contre le Croissant. Mais pouvait-on en dire autant des corsaires maltais, corses, français, venus se mettre sous pavillon de Malte dans l'espoir de mirifiques raids contre les Musulmans ? De part et d'autre, la piraterie faisait florès. Malte s'enrichissait. Vint enfin le temps des traités. 1680 marque l'époque des pactes de commerce et le déclin de la course en Méditerranée.

DÉPART POUR LA TERRE SAINTE
Les chevaliers de Saint-Jean apparurent avec les premières croisades. Leur ambition était de défendre Jérusalem contre l'invasion musulmane. Cette miniature montre des croisés chargeant des bateaux pour le voyage en Terre sainte.

DÉCOR NAUTIQUE
Malte possédait une trentaine de caraques, grands navires étroits du haut et très élevés sur l'eau, du type de celle qui figure sur ce pot à pharmacie. Au XVIIIe siècle, un tiers de la population de l'île était dans la marine.

MALTE ASSIÉGÉE
En 1565, les chevaliers de Saint-Jean-de-Malte connurent leur heure de gloire face aux Ottomans. Une immense flotte musulmane mettait le siège devant Malte. Inférieurs en nombre mais avec un rare courage, les chevaliers se battirent à un contre cinq dans leur fort situé sur la côte nord-est de l'Inde, jusqu'au moment où l'armada du roi d'Espagne vint à la rescousse. Six ans plus tard, les chevaliers eurent leur revanche à la bataille de Lépante, qui marqua la fin de la puissance navale ottomane en Méditerranée.

GALÈRES CHRÉTIENNES
Les corsaires de Malte utilisaient des galères à peu près semblables à celles de leurs adversaires. Les galères chrétiennes ne différaient que par leurs deux mâts, au lieu d'un seul, et une plus forte artillerie. Les galériens étaient des prisonniers musulmans, guère mieux traités que les esclaves européens à bord des galères barbaresques. Attachés à leur banc de nage pendant toute une campagne, les malheureux ne débarquaient qu'au cours des carénages des navires. Cette maquette représente une galère de Malte vers 1770.

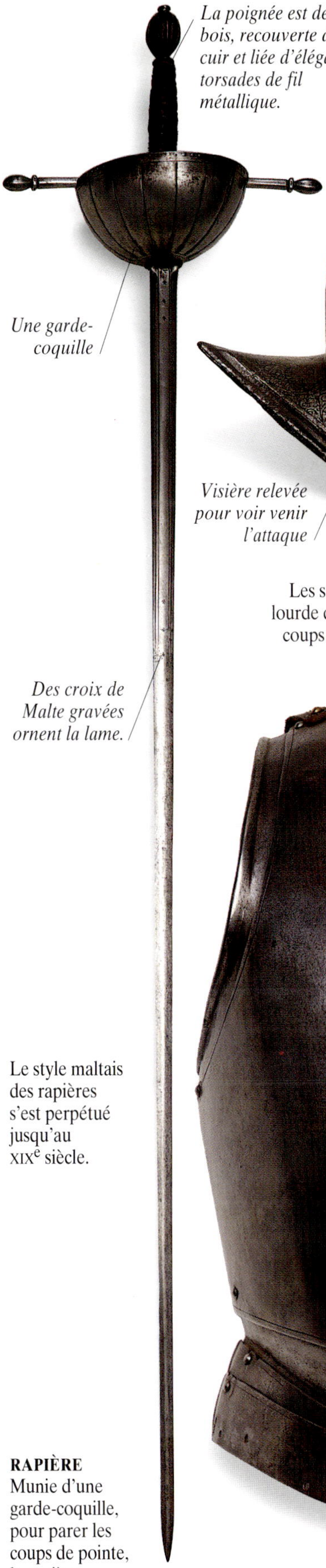

La poignée est de bois, recouverte de cuir et liée d'élégantes torsades de fil métallique.

Une garde-coquille

Des croix de Malte gravées ornent la lame.

Le style maltais des rapières s'est perpétué jusqu'au XIXe siècle.

RAPIÈRE
Munie d'une garde-coquille, pour parer les coups de pointe, la rapière s'utilisait rarement seule : la dague l'accompagnait pour l'action rapprochée.

Visière relevée pour voir venir l'attaque

PROTÈGE-TÊTE
Les seigneurs combattants arboraient le morion, haute et lourde coiffure de fer forgé (12 kilos) dont la forme déviait les coups d'estoc. Ce casque protégeait-il de la mousqueterie ?

Guerrier certes, mais sacrifiant aux élégances du temps

CROIX DE MALTE
Aussi bien pavillon de commandement que pavillon de bataille, l'emblème de l'ordre de Saint-Jean-de-Malte est la croix à huit pointes présentée ici sur l'armure d'un chevalier du XVIIIe siècle. Le drapeau actuel est composé d'une croix blanche sur fond rouge.

ITALIEN MAIS OBSOLÈTE
Quoique répandu chez les combattants maltais, le bouclier rond n'avait pas la faveur de leurs chefs de guerre. Celui-ci est sobrement gravé, mais beaucoup étaient plus décorés.

ÉTUVE PORTATIVE
Tels les conquistadores, les chevaliers de Malte méprisaient la touffeur des lourdes cuirasses. Leur foi combattante tenait de l'héroïsme dans ces carcasses brûlantes.

Médaille commémorative à l'effigie de Nicolas Cotoner

GRANDE MAÎTRISE
Sitôt le siège de Malte levé, les chevaliers rebâtirent leur forteresse en prévision d'autres attaques. Telle fut l'œuvre d'un siècle et celle en particulier de Nicolas Cotoner, Grand Maître de l'Ordre, représenté sur cette médaille.

POUR LA FORTUNE ET POUR LE ROI !

« Que tout un chacun sache que nous avons accordé et donné [...] à Adam Robernolt et William le Sauvage[...] liberté de harceler nos ennemis tant sur mer que sur terre [...] de telle sorte que les susdits partagent avec nous pour moitié toutes leurs prises. » C'est en ces termes que le roi Henri III d'Angleterre libella, en 1243, ses toutes premières lettres de marque. Véritable licence de piraterie, la lettre de marque couvrait tous les forfaits ; l'équipage avait droit de piller sans sanction, et le roi acquérait gratuitement à la fois un navire et sa part de butin. Dès le début des opérations de « course » les navires chasseurs furent nommés « navires de guerre privés » puis avec le temps « corsaires ». La course rapporta des fortunes du XVIe au XVIIIe siècle. Précisons à ce propos que les ennemis n'étaient pas les seuls à être rançonnés.

HONNEURS ROYAUX
Elisabeth d'Angleterre (1558-1603) honora l'aventurier et corsaire Francis Drake (1540-1596) – qu'elle appelait familièrement « mon pirate » – d'un titre de chevalerie. Selon les estimations de l'époque, Drake aurait rapporté à la couronne plus de 200 000 livres.

REPRÉSAILLES OFFICIELLES
Les lettres de marque du roi Henri III d'Angleterre (1216 à 1272) étaient de deux types. En temps de guerre, les premières autorisaient les attaques de l'ennemi « officiel ». Cependant, en temps de paix, les armateurs qui avaient perdu des navires attaqués par des pirates utilisaient le second type de lettre. Celle-ci leur permettait d'attaquer des navires de même nation que ceux qui les avaient rançonnés, d'où le terme de « lettres de représailles ».

George the Third by the Grace of

DROITS DE PIRATERIE
Les lettres de marque comme celle-ci, délivrée par le roi George III d'Angleterre (1760-1820), stipulaient nombre de restrictions dans les droits de prise. Mais des armateurs peu scrupuleux les achetaient et rançonnaient d'innocents navires marchands.

PROMOTION DE LA COURSE
Le navigateur Walter Raleigh (v. 1554-1618) se montra très favorable à la course qui non seulement formait des marins mais enrichissait le pays. A titre personnel il arma de nombreux navires corsaires dont les profits devaient servir à soutenir une future colonie britannique, la Virginie, en Amérique.

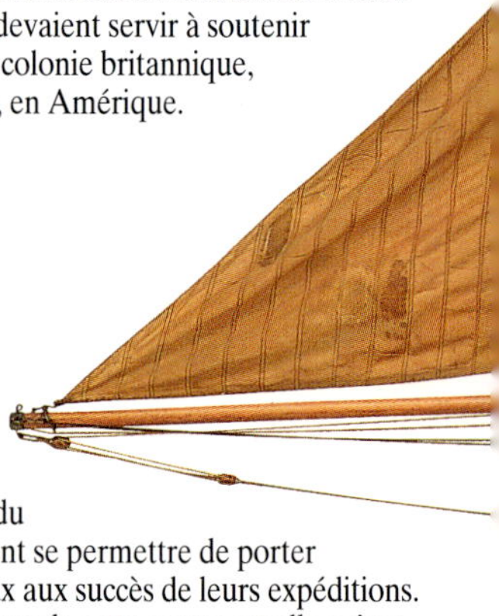

« HONNEUR AU PILLAGE »
De riches corsaires du XVIIIe siècle pouvaient se permettre de porter des toasts joyeux aux succès de leurs expéditions. La gravure de cette coupe est elle-même un programme : « Prospérité au corsaire duc de Cornouailles ».

APERÇU TROP TARD !
La longue-vue était un instrument de travail essentiel pour un capitaine corsaire. Un pavillon, un type de gréement annonçant de loin la nationalité d'un navire en vue, et aussitôt le corsaire arborait les mêmes couleurs que sa future victime qui, d'abord rassurée, tremblait d'effroi à la vue du pavillon noir.

Embouchure du porte-voix

En forme de cône, l'instrument amplifiait la voix.

METTEZ EN PANNE !
Avec leurs navires rapides et bon manœuvriers, les corsaires arrivaient aisément à portée de voix de leurs futures prises. Avec un porte-voix, ils leur intimaient l'ordre de mettre en panne (de stopper leur navire) et puis, la négociation étant préférable au langage du canon, l'arraisonnement se faisait souvent sans coup férir.

AVEC LA BÉNÉDICTION ROYALE
Profit et patriotisme donnaient leur raison à la course. Comme les corsaires d'Elisabeth Ire, les corsaires français furent honorés. En 1695 le célèbre René Duguay-Trouin (p. 50) fut présenté au roi Louis XIV (1643-1715), après avoir capturé trois vaisseaux anglais de la Compagnie des Indes.

Le gréement de lougre (deux mâts gréés de voiles au tiers) était excellent pour la marche au plus près, donc pour le louvoyage.

Un des huit canons portés par le petit navire

AU PLUS PRÈS
Ce type de petit navire de pêche était très en faveur parmi les corsaires français. Rapide, peu coûteux à armer, il était monté souvent par un équipage de quelque 25 hommes décidés. Il avait le mérite aussi de pouvoir échapper aux navires de guerre ennemis, incapables de le poursuivre jusque sur les petits fonds de la côte.

Un galion espagnol

LES TRÉSORS DES CARAÏBES

Réputée pour ses légendes de la piraterie, la mer Caraïbe, ou mer des Caraïbes, attirait les aventuriers et les pirates par sa promesse de richesses fabuleuses. Les Caraïbes, c'était l'Empire espagnol du Nouveau Monde, des Amériques du Nord et du Sud, îles et terres fermes. Découvert par Colomb en 1492, le Nouveau Monde semblait contenir des trésors au-delà des rêves les plus fous des Européens. Les conquistadores pillèrent ceux des Incas et des Aztèques au Mexique et au Pérou. Tout au long des XVIe et XVIIe siècles d'énormes quantités de métaux précieux transitèrent vers l'Europe à bord de gros navires sur lesquels ne tardèrent pas à se précipiter corsaires et pirates.

LE VOYAGE DE COLOMB
Parti à la recherche d'un passage vers l'Asie, l'Italien Christophe Colomb (1451-1506) atteignit le Nouveau Monde en 1492. Il atterrit sur une des îles Bahamas qu'il nomma San Salvador. Cette première expédition fut suivie de trois autres. Il établit la première colonie espagnole des Caraïbes (p. 27) sur Hispaniola (Haïti).

Le trésor aztèque est chargé à Vera Cruz.

Les galions de l'or se rassemblent à La Havane avant leur retour vers l'Europe.

Le trésor inca est chargé à Nombre de Dios.

Panama

LES CARAÏBES
A l'origine, les Caraïbes incluaient des parties de terre ferme : le Mexique et le Pérou. Plus tard, le nom désigna plus particulièrement la mer et les îles du grand golfe du Mexique.

Sur ce globe de Martin Behaim, conçu en 1491, les Amériques ne figurent pas.

LE VIEUX CONTINENT
Réalisé avant 1492, ce globe ignore le Nouveau Monde, mais il montre pourquoi Colomb pensait atteindre la Chine en faisant route à l'ouest.

Dans les hunes, jour et nuit, les vigies guettaient d'éventuelles approches de pirates.

Le haut gaillard d'avant des galions

LA FLOTTE DE L'OR
Les galions espagnols ramenaient vers l'Europe le trésor du Nouveau Monde. Ces navires avaient des équipages de quelque 200 hommes et étaient armés de 60 canons. Bien que soigneusement et solidement construits et gréés, ces gros navires se manœuvraient mal et devenaient facilement les victimes des corsaires rapides. Il n'était pas rare que pour assurer leur défense ces bâtiments fissent leurs traversées groupés par 100 navires.

De marche moyenne au vent portant avec leurs grandes voiles carrées, les galions n'avaient aucune qualité pour la marche au plus près.

Un galion bien armé de canons servis par des canonniers expérimentés avait une nette supériorité sur les petits bateaux pirates. Aussi ces derniers attaquaient-ils avec des fusils à longue portée pour décimer de loin l'équipage.

Les hauts châteaux arrière étaient une survivance de l'art naval des siècles passés.

Les coffres aux trésors, gardés par des hommes armés, étaient chargés dans le château arrière du navire.

Gouvernail

Les galions avaient une capacité d'allégement considérable pour pénétrer dans les havres et rivières de faible profondeur.

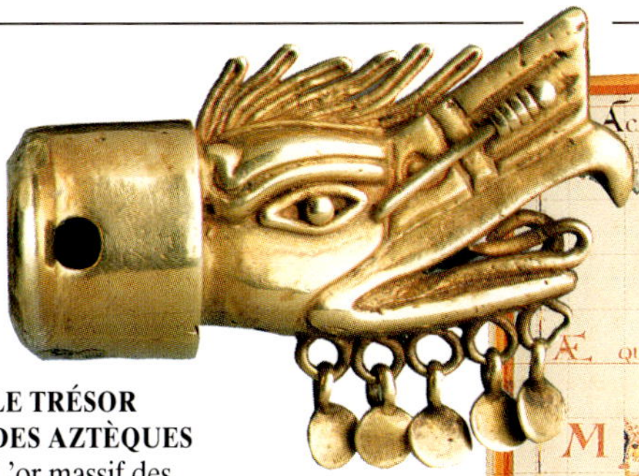

LE TRÉSOR DES AZTÈQUES
L'or massif des bijoux aztèques et leur précieuse facture de joaillerie faisaient toute leur valeur. Mais le Trésor du roi d'Espagne n'ayant cure que de leur poids de métal précieux, la plupart de ces jolies pièces étaient pilonnées avant chargement à bord.

LE ROYAUME DU PÉROU
En 1529 le conquistador Francisco Pizarro (1476-1541) conduisit une expédition au Pérou. Après avoir pillé le trésor du royaume, les Espagnols massacrèrent une partie de la population et le roi Atahualpa lui-même.

L'OR DES INCAS
Pour payer la rançon de leur roi à Pizarro, le peuple inca dut remplir de bijoux d'or une pièce longue de sept pas et presque aussi large.

LE DERNIER ROI
Le roi aztèque Cuauhtémoc (1495-1525) se rendit aux Espagnols après une longue et dure campagne. D'abord traité en honorable vaincu, le malheureux monarque fut, plus tard, torturé et pendu par les conquistadores.

FIN D'UNE NATION
Cette peinture montre l'armée espagnole de Hernán Cortés (1485-1547) écrasant les Aztèques à Mexico. Dans leur exécrable soif de richesses les conquistadores détruisirent totalement les anciennes civilisations américaines des Aztèques et des Incas.

À LA POURSUITE DES GALIONS DE L'OR

MINES D'ARGENT
Au début de la conquête, les « Indiens » réduits en esclavage furent employés dans les mines. Mais ils ne résistèrent ni au dur travail ni aux châtiments corporels infligés par les colons espagnols. Des Noirs furent alors importés d'Afrique. Ce fut le début de la traite.

Célèbres dans la légende des pirates, les Caraïbes étaient les régions et les îles conquises par les Espagnols au XVIe siècle. À cette époque les conquistadores rapportèrent dans leur patrie des montagnes d'or et d'argent. Les ennemis de l'Espagne ne furent pas longs à armer des navires pour tenter de partager avec elle une part du butin. Les Français ouvrirent la course, suivis de près par les Anglais. Leur spectaculaire succès incita de nombreux affairistes à emprunter des sommes fabuleuses pour monter des chasses aux trésors plus fabuleuses encore. Désespérés de ne pas rentrer riches au pays, quelques corsaires n'hésitèrent pas à se faire pirates.

DÉTROIT CÉLÈBRE
Des navires français furent les premiers à réussir la prise de navires espagnols. Sous le commandement du Génois Verrazano (1485-1528) trois galions furent pris en 1522, dont deux chargés de trésors pillés au Mexique. Mais Verrazano est mieux connu pour sa découverte, en 1524, de la baie de New York et du détroit qui porte son nom.

ATTAQUE D'UN GALION
Au début de la route de retour les galions d'or étaient particulièrement exposés aux attaques. En effet, au départ des Caraïbes ils devaient se diriger vers le nord pour trouver les vents favorables avant de faire voile vers l'Espagne. Sachant cela, les corsaires les attendaient sur la côte de Floride pour les prendre par surprise.

PIÈCES DE HUIT
A partir de l'or et de l'argent du Nouveau Monde les Espagnols frappaient des doublons et des pièces de huit qui devinrent la monnaie des pirates.

Canon en bronze

EXPÉDITION DE DRAKE
Les exploits de Francis Drake (1540-1596), corsaire devenu pirate, firent sa célébrité. Il voua une haine sans borne aux Espagnols qui avaient attaqué son navire et celui de Hawkins en 1568. Il conduisit une opération de représailles contre l'Espagne en 1585-1586. Connue sous le nom d'Expédition de Drake, cette opération ravagea Vigo et les colonies espagnoles d'Amérique.

TAMBOUR D'ALARME
La défense de l'Angleterre contre l'Armada espagnole renforça encore la réputation de Drake déjà célèbre pour ses exploits de marin. Le tambour qui l'accompagna durant ses nombreux voyages est conservé et l'on dit qu'il résonne d'un étrange battement quand l'Angleterre est en danger.

NAVIRE CORSAIRE
Les premiers corsaires armaient des navires de 50 à 100 tonneaux avec des équipages de 40 hommes. Puis, la course prenant de l'ampleur, des navires marchands de 300 tonneaux du type de ce bâtiment furent utilisés. On pouvait embarquer d'importants équipages sur lesquels on prélevait le nombre d'hommes nécessaires pour armer les navires arraisonnés.

Les lignes pures des bateaux corsaires les rendaient plus manœuvrables que les bateaux espagnols.

Plus bas, plus fins de formes, les navires corsaires avaient de quoi surpasser les navires espagnols.

PIRATES OU CORSAIRES
Thomas Cavendish, Drake et John Hawkins étaient des corsaires célèbres. Chacun d'eux n'eut que des lettres de marque ou de représailles qui limitaient leur action aux temps de guerre. Mais comme Cavendish fut le seul à respecter cette limite, ils furent considérés comme des pirates par les Espagnols.

SAINT-DOMINGUE
Le raid de Drake au Nouveau Monde, à Saint-Domingue, fut décevant. Tout en restant un établissement important, la ville déclinait, et Drake ne put obtenir qu'une faible rançon. Mais son dernier raid sur Carthagène des Indes (Colombie) compensa largement l'insuccès d'Hispaniola.

Les boulets faisaient voler en éclats le bois des coques de navire et les démâtaient.

Boulets de canon de l'époque élisabéthaine

CASSEUR DE GALIONS
Les perfectionnements du canon de mer anglais marquèrent un point contre les défenses des galions d'Espagne. La tactique de défense ou d'attaque espagnole était l'abordage et une empoignade digne de troupes terrestres au corps à corps. Le canon, qui pouvait tirer des boulets de 20 kg à 1 500 mètres, devait tout changer.

DES INSTRUMENTS POUR SE DIRIGER

Mieux se battre, mieux manœuvrer, mieux fondre sur sa proie, tels furent les atouts des pirates dans les eaux de l'Empire espagnol. Instinct plus que science, la navigation des forbans était rudimentaire. Bon sens, flair et chance s'aidant l'un l'autre, les pirates parvenaient bon an mal an à croiser la route des flottes de l'or, celle des fabuleux galions revenant des colonies d'Amérique. Pour tout instrument nautique une boussole, parfois une arbalestrille, capable de dégrossir la latitude, mais plus précieuse que tout était une carte « piratée » à bord de quelque prise sur laquelle non seulement figuraient les routes usuelles, mais la position des havres et forteresses ennemis.

La côte aux environs de Panama dans le « wagonner »

WAGONS DE SECRETS NAUTIQUES
Sans chercher plus loin l'origine de leur nom, les navigateurs appelaient « wagonners » ces ouvrages, véritables charrois, chargés des plus précieux renseignements nautiques. Dus à l'origine au géographe flamand Waggenaer, Espagnols et Portugais en produisirent, dont celui qui est montré ici, saisi par le boucanier Bartholomew Sharp, qui s'émerveille de la description parfaite des ports, rades, mouillages, dangers et instructions de pilotage.

Globe terrestre

Carte et compas à pointes sèches

Portulan-carte

Arbalestrille

Astrolabe

ÉCOLE HYDROGRAPHIQUE
Ces doctes personnages appartiennent à l'école hollandaise du début du XVIIe siècle. Le riche déploiement d'instruments de navigation, qui représente le meilleur du savoir de l'époque, ne saurait être le fait des baroudeurs du large, pirates de ce temps.

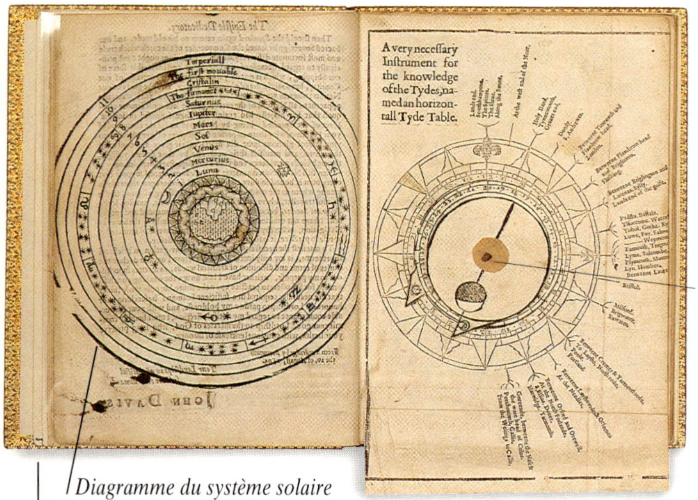

Abaque, calculateur de marées à partir des phases de la lune

Diagramme du système solaire

SECRETS DE LA MER
Savant ouvrage s'il en fut *The Seaman's Secrets* est l'œuvre du navigateur anglais John Davis auteur, entre autres instruments, du célèbre quartier « de Davis » mesureur des hauteurs d'astres. Habile marin, le corsaire Thomas Cavendish sut s'allier l'aide précieuse de Davis en l'embarquant lors de ses courses aventureuses.

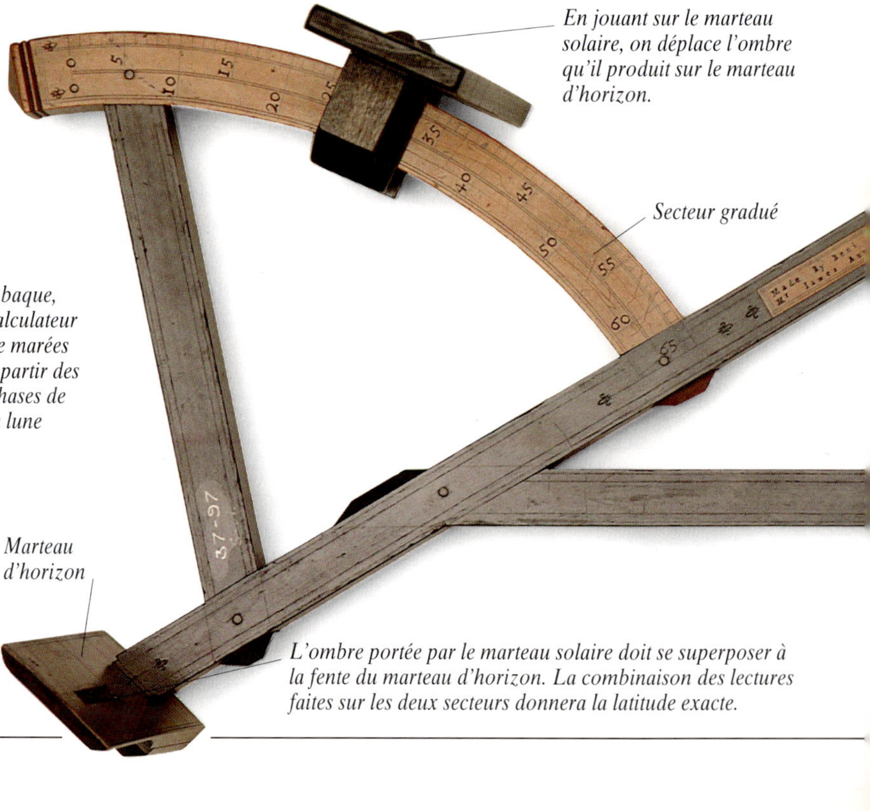

En jouant sur le marteau solaire, on déplace l'ombre qu'il produit sur le marteau d'horizon.

Secteur gradué

Marteau d'horizon

L'ombre portée par le marteau solaire doit se superposer à la fente du marteau d'horizon. La combinaison des lectures faites sur les deux secteurs donnera la latitude exacte.

Les tirages sont en carton recouvert de peau.

DU BOUT DE LA LORGNETTE
L'usage a raccourci en longue-vue le nom de cet instrument autrefois appelé « lunette à longue vue » et qui date de 1690. Même privés de son secours, les pirates parvenaient à déterminer direction et distances en observant les nuages et les oiseaux de mer.

POINTER LA CARTE
La navigation en mer des Caraïbes était relativement facile. Tant qu'ils ne se hasardaient pas sur l'Atlantique, les pirates pouvaient se contenter d'instruments comme le compas et les cartes.

L'écartement des pointes permettait de reporter les mesures relevées sur l'échelle sur la carte.

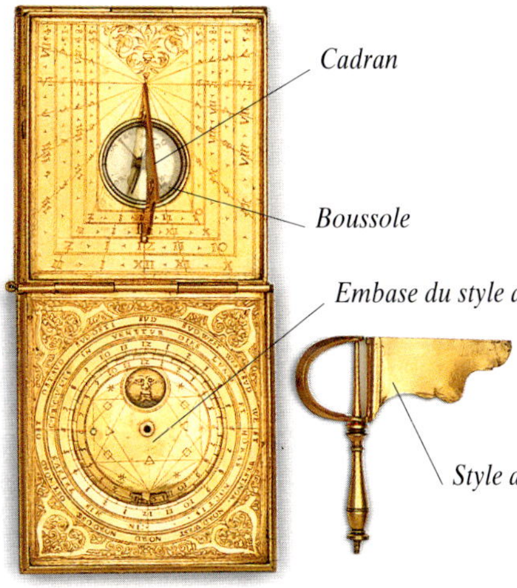

Cadran

Boussole

Embase du style axe

Style axe

DANS LE SAC DU NAVIGATEUR
Aucun navigateur n'utilise de cadran solaire mais chacun en emporte dans l'espoir de s'en servir sur la terre ferme, aux escales, simplement pour savoir l'heure ! Parfois au dos de l'instrument figure une table des marées ornementale. Modèles à tous les prix, de celui du mousse à celui de l'amiral…

AIMANTIFÈRE
Les pirates confectionnaient des compas en passant sur une aiguille un aimant naturel, la magnétite.

Une monture décorative embellit ce morceau de magnétite.

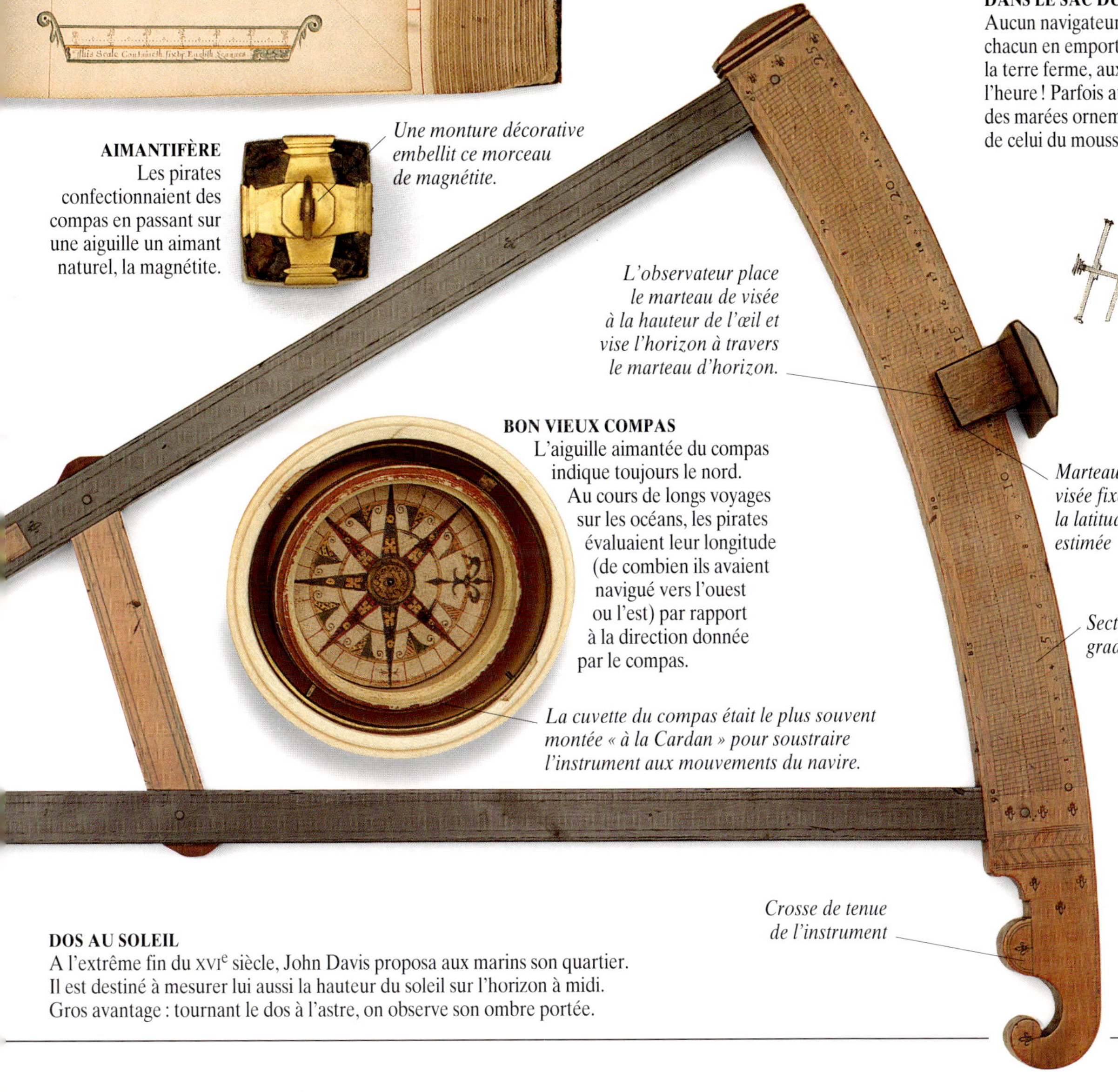

L'observateur place le marteau de visée à la hauteur de l'œil et vise l'horizon à travers le marteau d'horizon.

Marteau de visée fixé à la latitude estimée

Secteur gradué

Crosse de tenue de l'instrument

BON VIEUX COMPAS
L'aiguille aimantée du compas indique toujours le nord. Au cours de longs voyages sur les océans, les pirates évaluaient leur longitude (de combien ils avaient navigué vers l'ouest ou l'est) par rapport à la direction donnée par le compas.

La cuvette du compas était le plus souvent montée « à la Cardan » pour soustraire l'instrument aux mouvements du navire.

LE BÂTON DE JACOB
Les transversales sont les marteaux. Visez simultanément en haut le soleil, en bas l'horizon en faisant glisser le marteau sur la verge. Lisez sur cette dernière un angle. C'est la hauteur du soleil. Retranchez de 90°. Ajoutez la déclinaison. Vous avez la latitude !

DOS AU SOLEIL
A l'extrême fin du XVIe siècle, John Davis proposa aux marins son quartier. Il est destiné à mesurer lui aussi la hauteur du soleil sur l'horizon à midi. Gros avantage : tournant le dos à l'astre, on observe son ombre portée.

LES BOUCANIERS SORTENT DE LEUR REPAIRE

En 1603, Jacques Ier roi d'Angleterre ouvrit un chapitre sanglant de l'histoire de la mer des Antilles. Pour faire cesser les exactions des raids de corsaires dans les Caraïbes il crut bon de supprimer purement et simplement les lettres de marque. Les conséquences en furent désastreuses. Des bandes de boucaniers sans foi ni loi remplacèrent immédiatement les corsaires. À l'origine chasseurs dans l'île d'Hispaniola, les boucaniers s'assemblèrent en fraternités au moment où les Espagnols cherchaient à les expulser. Ils n'obéissaient à aucune loi, excepté la leur, et tous les forbans des Caraïbes, prisonniers, hors-la-loi, esclaves en fuite vinrent bientôt grossir le nombre de ces nouveaux pirates que leurs chefs dirigeaient d'une main de fer, ne reculant devant aucune cruauté.

BOUCHERS DU LARGE
A l'origine ces rudes hommes fournissaient les navires de passage en viandes fumées et en peaux séchées. Le bétail, bœufs, porcs ne manqua pas après que les pionniers espagnols eurent quitté Hispaniola. Tous vêtus d'habits de peau, maculés du sang de leurs victimes ces chasseurs avaient une réputation de sauvagerie qui n'était plus à faire.

BARBECUE CARAÏBE
Les indiens Arawak des Antilles apprirent aux premiers Européens l'art de fumer les viandes, le « boucanage », sur un gril de bois ou « boucan ». Ce mot devait donner leur nom aux boucaniers.

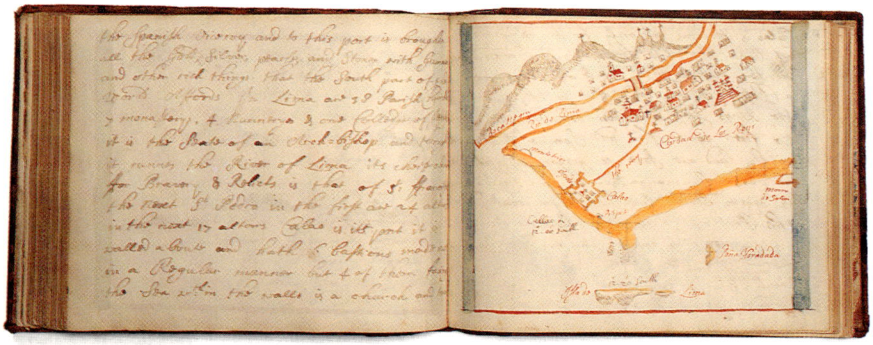

UN JOURNAL DE VOYAGE
Le chirurgien de marine Basil Ringrose (1653-1686) voyagea le long des côtes Pacifique de l'Amérique du Sud avec le boucanier Bartholomew Sharp. Son journal de voyage est une des sources essentielles d'information sur la vie des boucaniers.

L'île de la Tortue

L'île aux Vaches

Une carte du XVIIe siècle d'Hispaniola, aujourd'hui Haïti

ASSOIFFÉS DE SANG
La vie ne valait pas cher dans les eaux des Antilles. La cruauté des boucaniers était légendaire et celle de l'Olonnois, entre autres coupeurs de gorges, était célèbre. Ne l'avait-on pas vu arracher le cœur d'un prisonnier pour le faire manger cru par un autre !

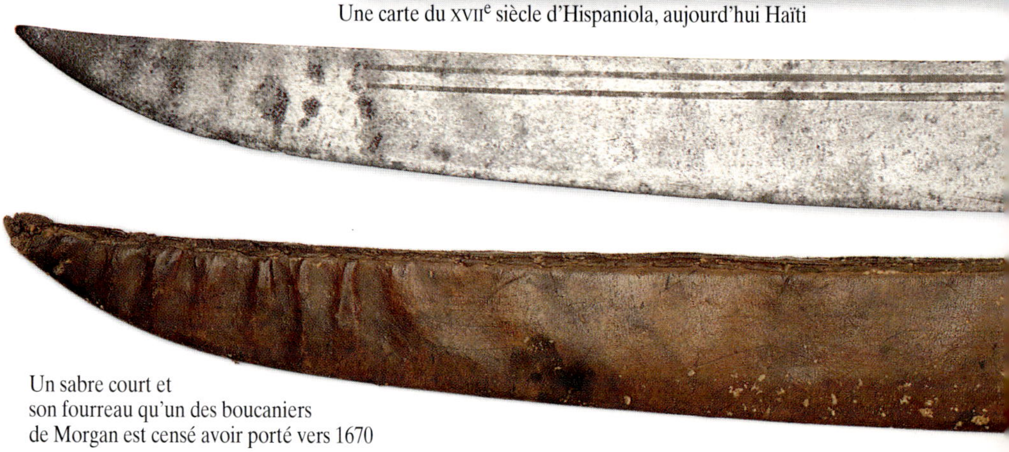

Un sabre court et son fourreau qu'un des boucaniers de Morgan est censé avoir porté vers 1670

FRANCIS L'OLONNOIS
Cruel entre tous, le boucanier l'Olonnois savait que ses prisonniers préféraient se donner la mort plutôt que de passer entre ses mains pour l'interrogatoire.

ROCK BRAZILIANO
Longtemps exilé au Brésil – d'où vient son surnom – ce bestial ivrogne avait poussé l'horreur jusqu'à faire griller à la broche deux fermiers qui avaient refusé de lui céder leur bétail.

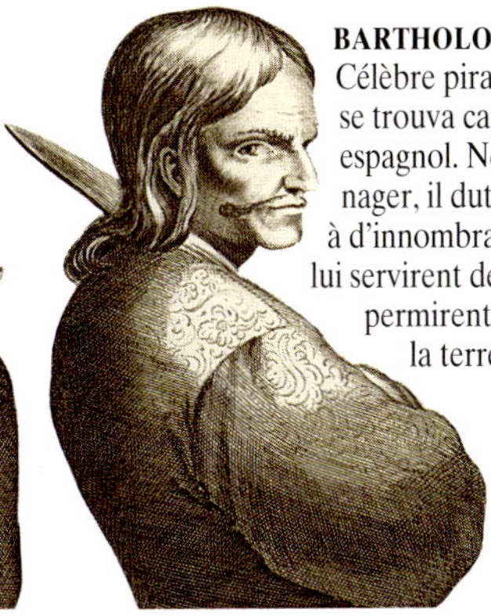

BARTHOLOMÉ LE PORTUGAIS
Célèbre pirate, Bartholomé se trouva captif sur un ponton espagnol. Ne sachant pas nager, il dut son salut à d'innombrables outres qui lui servirent de bouées et lui permirent de gagner la terre ferme.

SIR HENRY MORGAN
Le plus célèbre des boucaniers, Welshman Henry Morgan (1635-1688) était un chef-né. Il était sans doute aussi cruel que ses congénères et ses audacieuses attaques des colonies espagnoles, notamment Panama, lui valurent son titre nobiliaire et la charge du gouvernement de la Jamaïque.

Carte pliante montée sur deux panneaux de chêne pour la protéger à la mer

Saona

REPAIRE DE BOUCANIER
Chasseurs de métier, les boucaniers vécurent en paix sur l'île d'Hispaniola jusqu'à leur persécution par les Espagnols. C'est alors que, pour se défendre, ils formèrent l'association des Frères de la Côte et s'expatrièrent pour la plupart sur l'île de la Tortue. Mais plus tard, l'arrivée sur l'île d'un gouverneur et de sa garnison mit fin à cette sorte de république de mauvais garçons.

ARME DE BOUCANIER
Ces longs couteaux destinés à l'origine à trancher la viande se révélèrent pratiques pour l'abordage et ce sabre court devint l'arme blanche favorite des pirates et des corsaires.

ATTAQUES ÉCLAIRS
Morgan menait ses raids sur les colonies espagnoles dans l'esprit des opérations militaires mais sans quartier. En 1668, à la tête de 800 hommes, il fit tomber la division de Port-au-Prince en forçant les hommes à se rendre sous peine d'assassiner leurs femmes et leurs enfants. Enfermée dans les églises, la population civile dut jeûner des jours entiers, tandis que les hommes de Morgan mettaient la ville à sac.

FAIRE PARLER LA POUDRE

Un éclair fulgurant, une déflagration, un nuage de fumée : un canon pirate vient de parler. C'est l'attaque. À bord du navire marchand un espar s'écroule, une balle frappe le timonier à la barre. Désemparé le navire glisse sur son erre tandis que la horde des pirates monte à l'abordage, taillant dans les drisses et les écoutes. Les voiles et les vergues s'affalent sur le pont. La masse hurlante se rue vers la dunette, pistolets brandis, sabres et haches tournoyant en terrifiants moulinets. On se barricade dans les emménagements de poupe, au-dessus de la soute aux poudres, de la réserve de vivres. On s'arme. Mais pour une résistance bien illusoire.

BOULETS
Les boulets ont rarement coulé les gros navires, mais le bois qui vole en éclats constitue autant de poignards pour le personnel. Chauffés à blanc, ils génèrent des incendies. Mais on redoute plus encore les boulets ramés, enchaînés par paires et projetés sur les mâtures.

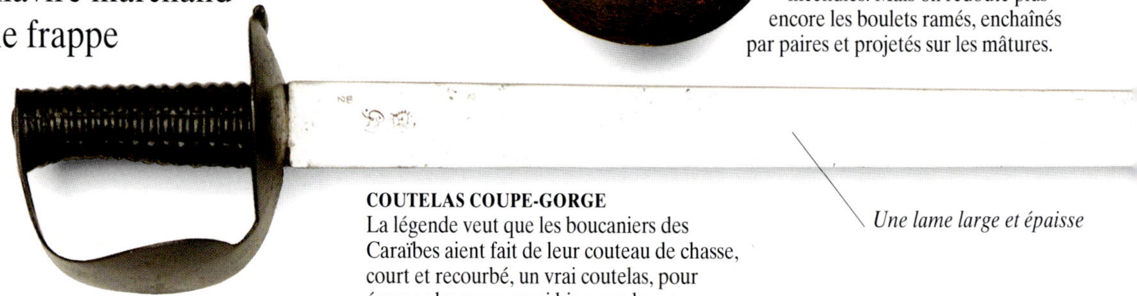

COUTELAS COUPE-GORGE
La légende veut que les boucaniers des Caraïbes aient fait de leur couteau de chasse, court et recourbé, un vrai coutelas, pour égorger les porcs aussi bien que les gens. Il faisait aussi merveille au cours des abordages dans les faux ponts juste assez hauts pour se tenir debout. Ne rappelle-t-il pas non plus ce petit sabre court et recourbé des fantassins et troupes de marine ?

MOUSQUET
Rien à voir avec le fusil de boucanier, ancêtre lui-même des longs fusils américains à tuer des bisons. Le mousquet, parfois évasé en tromblon à la sortie du canon, est un vrai canon à mitraille fait pour « nettoyer » les ponts d'une décharge puissante. On ne vise pas, on tire « dans le tas ».

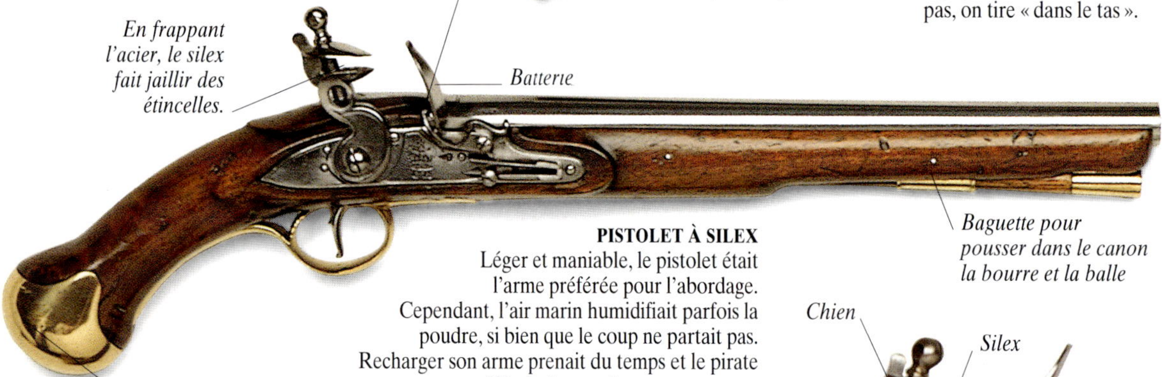

PISTOLET À SILEX
Léger et maniable, le pistolet était l'arme préférée pour l'abordage. Cependant, l'air marin humidifiait parfois la poudre, si bien que le coup ne partait pas. Recharger son arme prenait du temps et le pirate préférait s'en servir comme massue.

CHARGEMENT
Les bourres étaient indispensables : la première pour stabiliser la poudre noire dans le fond du canon ; la seconde pour bloquer la balle de plomb contre la première bourre.

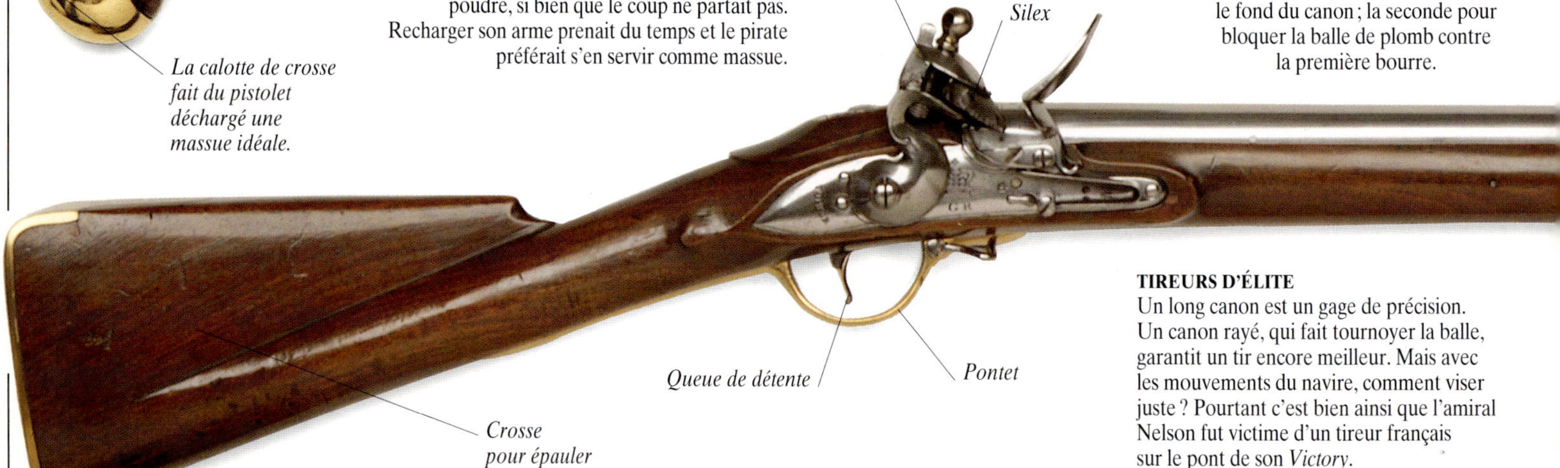

TIREURS D'ÉLITE
Un long canon est un gage de précision. Un canon rayé, qui fait tournoyer la balle, garantit un tir encore meilleur. Mais avec les mouvements du navire, comment viser juste ? Pourtant c'est bien ainsi que l'amiral Nelson fut victime d'un tireur français sur le pont de son *Victory*.

MOULINETS ET PISTOLETS
Autant de combattants, autant de moulinets, de parades et de bottes secrètes. Barbe Noire, lui, avait plus d'un tour dans son sac mais une préférence marquée pour une pistolade nourrie au début et une fin au coutelas de boucanier.

HACHÉ MENU
D'abord utile pour monter à l'abordage le long des coques calfatées et glissantes (technique contemporaine du piolet) une hache bien affûtée débitait tout menu au niveau du pont. On abattait les voiles en tranchant d'un coup des cordages de la grosseur d'un bras.

PAS DE QUARTIER
Si les attaqués résistaient aux pirates il y avait peu de chances pour que ces derniers leur fassent quartier. L'imagerie du XIXe siècle s'en donne à cœur joie dans l'illustration de ces scènes macabres, mais étaient-elles si invraisemblables ?

À L'ABORDAGE
Un pirate barbaresque entre cent, Dragut Rais. Il porte ici trois de ses armes favorites : le pistolet, la hache et le sabre court pour se ruer sur le pont du navire qu'il vient d'arraisonner.

Bouche tulipée

Canon de bronze

POUR EN FINIR !
Une bonne panoplie comportait un court poignard pour « achever » l'adversaire. Ce triste arsenal est riche de modèles à millions : du kris du pirate malais aux poignards élégants des midships des marines royales.

COMBATS À MORT
Les batailles navales en Méditerranée aux XVIe et XVIIe siècles furent particulièrement féroces du fait du fanatisme religieux qui inspirait les combattants. Chacun se sentant soutenu par son Dieu, Grecs et Musulmans se livrèrent des combats à mort dont l'imagerie populaire sut encore magnifier l'horreur.

FEUX GRÉGEOIS
Quoi de plus simple qu'un pot de terre rempli de poudre et de grenaille avec une mèche allumée au dernier moment ? Lancé d'une hune ça brûle et ça explose. Mort, panique. Le résultat est-il atteint ?

CHAUSSE-TRAPPE
Très efficaces lors des abordages, les chausse-trappes forgées étaient lancées par les assaillants (munis, eux, bien sûr, de bottes) sur les ponts des bateaux attaqués. Gare aux pieds nus des malheureux matelots surpris.

Les pointes sont agencées de telle sorte qu'il y en ait toujours une dressée.

LE ROI CANON
Les marines de guerre formaient longuement leurs canonniers, et chacun avait son poste. Quant aux pirates, leur indiscipline fut toujours un handicap.

LES HÉROS DE LA LÉGENDE NOIRE

C'était un pirate de livre d'images, avec un regard sauvage et un cruel sourire, il portait des cierges allumés dans ses cheveux, il buvait du rhum assaisonné de poudre à canon, il tressait sa barbe en anglaises noires autour de ses oreilles. Aussi n'y avait-il rien de surprenant à ce qu'il terrifiât les marins du XVIIIe siècle. Barbe Noire représentait la nouvelle génération des pirates qui succédèrent aux boucaniers chassés de leurs îles. Les boucaniers se retrouvèrent souvent corsaires pendant les guerres du début du XVIIIe siècle. La paix revenue, le monde des pirates fait de liberté et d'aventure tenta nombre d'anciens corsaires et les ports de la piraterie fleurirent aux Bahamas et sur le continent américain. Quelques aventuriers s'établirent à Madagascar. Et tous pratiquèrent la piraterie la plus sauvage contre tous les bâtiments sans exception.

Edward Low utilisa son sabre d'abordage pour massacrer l'équipage d'un navire de guerre espagnol en 1723.

Chaussure à grande boucle à la mode au début du XVIIIe siècle

TALON D'ACHILLE
Edward Low, pirate anglais du XVIIIe siècle, avait la réputation d'être particulièrement cruel. On prétendit qu'il avait un jour découpé les lèvres d'un prisonnier pour les faire cuire devant lui, et coupé les oreilles d'un autre pour les lui faire manger à la croque au sel. Mais certains le disaient capable de pleurer sur le sort de son orphelin de fils.

VOYOUS
Les hommes d'équipage étaient parfois aussi cruels que leur capitaine. On voit ici les hommes de Low assassinant un prisonnier.

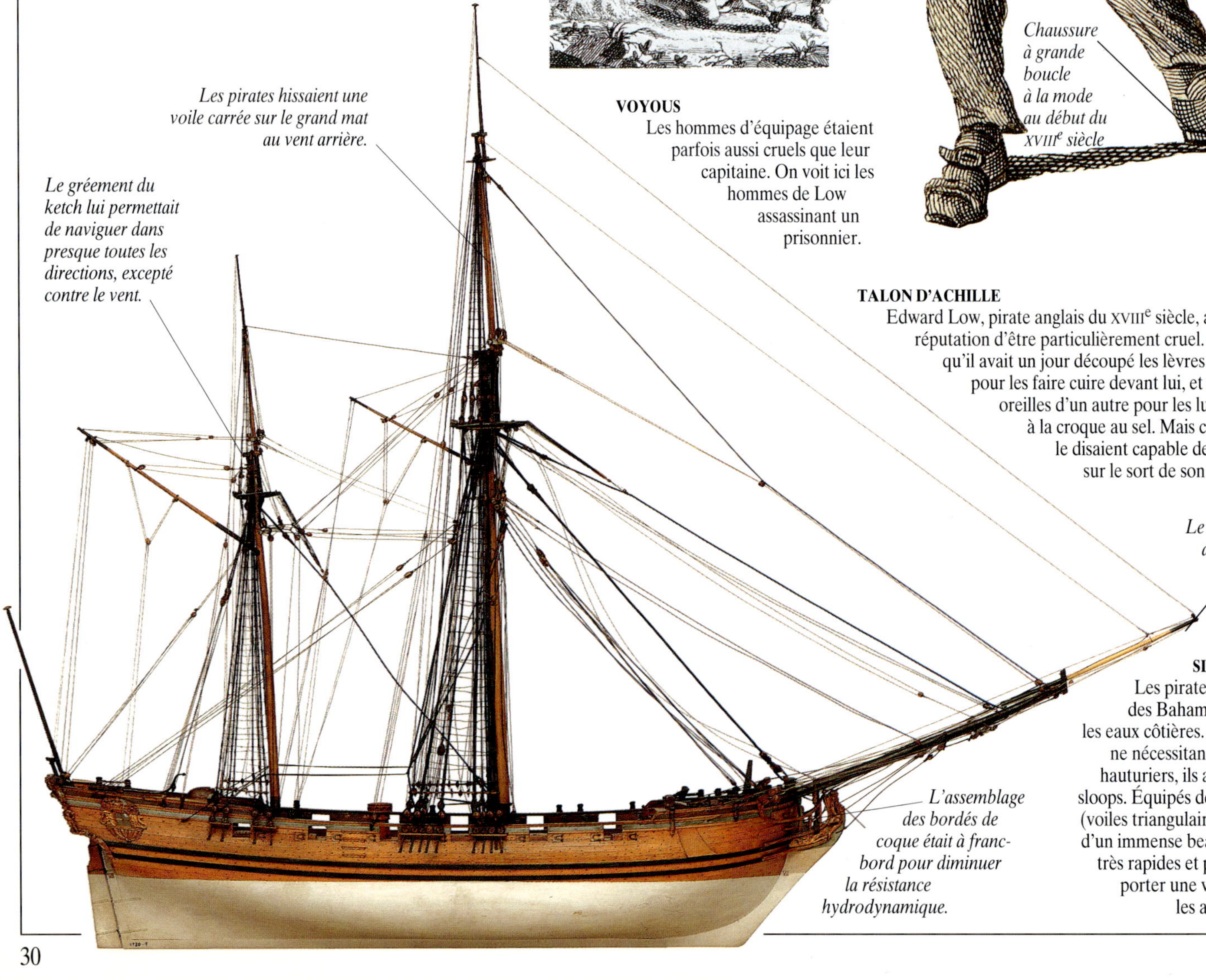

Les pirates hissaient une voile carrée sur le grand mat au vent arrière.

Le gréement du ketch lui permettait de naviguer dans presque toutes les directions, excepté contre le vent.

Le beaupré pouvait avoir la longueur de la coque.

L'assemblage des bordés de coque était à franc-bord pour diminuer la résistance hydrodynamique.

SLOOPS RAPIDES
Les pirates d'Amérique et des Bahamas croisaient sur les eaux côtières. Leur navigation ne nécessitant pas des navires hauturiers, ils avaient choisi les sloops. Équipés de nombreux focs (voiles triangulaires) gréés le long d'un immense beaupré, ils étaient très rapides et pouvaient même porter une voile carrée pour les allures portantes.

NOUVEAU GOUVERNEUR À NEW PROVIDENCE
Paradis de pirates et de hors-la-loi, l'île de New Providence eut son heure de gloire de 1715 à 1784. Mais arrivé d'Angleterre, le nouveau gouverneur Woodes Rogers offrit à tous le pardon de leurs fautes s'ils renonçaient à leur « métier ». *Ipso facto* la piraterie perdit ses troupes et disparut des eaux américaines.

STAR MALGRÉ LUI
Peut-être le plus actif de tous les pirates, Welshman Roberts, ou Black Bart (1682-1722), se vit contraint à la piraterie lorsque son navire fut capturé en 1719. Il devait prendre à son tour 400 navires.

RANÇON À LA BARBE NOIRE
Bien accueilli en Caroline du Nord, Barbe Noire était redouté à Charleston. En 1718 il fit le blocus du port, puis les pirates rançonnèrent un conseiller municipal et prirent en otage son fils de quatre ans contre remise d'un coffre à médicaments.

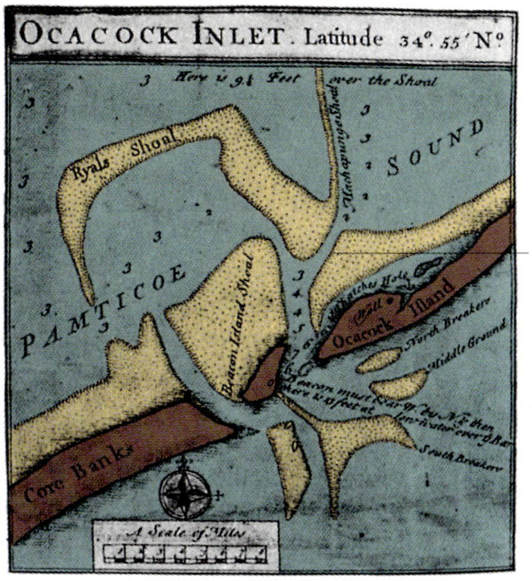

Les bancs de sable indiqués sur cette vieille carte finirent par garder Barbe Noire prisonnier.

ÎLE OCRACOKE
Sur Ocracoke, l'une des îles de l'Outer Bank qui protège la Caroline du Nord des tempêtes de l'Atlantique, maintes fêtes pirates furent organisées. Barbe Noire mouillait toujours dans ses eaux peu profondes s'y considérant à tort ou à raison protégé.

Lors des combats, Barbe Noire plaçait des mèches fumantes sous son chapeau afin d'apparaître dans un épais nuage de fumée.

Corde de chanvre trempée dans du salpêtre

Barbe tressée

On se servait du mousquet comme d'une massue

Barbe Noire portait six pistolets accrochés à son ceinturon

Les pains de sucre se stockaient facilement grâce à leur forme cylindrique

Le sucre fondu versé dans un moule donne un pain de sucre

MONSTRE MYSTÉRIEUX
Le mythe et la réalité sont inséparables quand on évoque Barbe Noire. On lui a connu 14 épouses et presque autant de noms : Drummond, Thatch, Tash, et officiellement Edward Teach. Son *curriculum vitae* est obscur mais sa mort est bien connue. Il fut abattu à Ocracoke, en 1718, par une patrouille de la British Navy.

FIN D'UNE AFFAIRE SUCRÉE
Jusqu'en 1690 les planteurs jamaïcains appréciaient la protection que leur offraient les boucaniers contre les attaques espagnoles. Mais quand les raids des pirates commencèrent contre leurs produits, les boucaniers furent priés de déguerpir.

LA FABULEUSE AVENTURE DES FEMMES PIRATES

La piraterie était au XVIIIe siècle un monde d'hommes, tout comme l'était celui des affaires, des arts et de la politique. Pour les dames attirées par l'aventure sur mer sous le pavillon noir à tête de mort, un seul recours : prendre l'habit masculin des forbans, adopter leurs manières et leur langage, boire et jurer comme eux. Des plus adroites à ce jeu du déguisement, l'histoire a retenu les noms de Mary Read et d'Anne Bonny dont les surprenants exploits fascinent à des décennies de distance. Elles appartiennent à la tradition de ces femmes, aventurières indomptables, qui, habillées comme les hommes, revendiquaient un égal traitement. Ne manquant ni de force ni de courage, Mary et Anne constituaient un formidable duo qui sut s'imposer aux plus rudes écumeurs des océans.

MARY READ
Femme pirate anglaise, Mary Read (1690-1720) choisit l'uniforme guerrier pour son entrée dans la vie « professionnelle ». Guerroyant d'abord sur terre, elle joignit bientôt la Navy. Puis son navire ayant été pris à l'abordage par le pirate Calico Jack, Mary passa sans aucune hésitation à l'ennemi, entrant ainsi de plain-pied dans la carrière de pirate, où sa folle audace galvanisa les forbans réunis sous ses ordres. Malheur aux lâches : le pistolet de Mary Read avait tôt fait de les cribler de balles.

ALVILDA, LA « TERRIBLE »
Autre visage haut en couleur que celui de la Suédoise Alvilda, capitaine pirate en l'an mil, avant même que ne se manifestent les Vikings. Elle prit la mer avec un équipage entièrement féminin pour fuir un mariage arrangé par la Cour avec le prince danois Alf.

POUR TRANCHER
Mary Read ne manquait pas une occasion d'utiliser son sabre. Si un de ses amants était menacé, elle se jetait sur ses assaillants.

Accessoire typique des pirates, la large ceinture rouge

PANOPLIE DE PIRATE
La plupart des capitaines pirates refusaient les femmes à bord. Bonny et Read étaient devenues par leur accoutrement et leurs manières de vrais hommes, bien qu'on les ait décrites capables de féminité à bord pour se transformer en loups-garous lors des abordages.

Pantalons de coton résistant avec des boutons d'os

Les vêtements de coton coloré de Jack lui valurent son surnom de calicot.

CALICO JACK
Depuis 1718, « Calico », Jack Rackham (ci-contre), et Anne Bonny, sa maîtresse, pirataient dans la mer des Caraïbes, bientôt rejoints par Mary Read. Tous trois furent pris par un sloop de la marine anglaise au large de la Jamaïque. Anne et Mary, les seules en état de résister à l'attaque au milieu d'un équipage ivre mort, furent néanmoins capturées. Jugés en 1720, les pirates furent pendus. Montant à la potence, Rackham s'entendit dire par Anne Bonny : « Si tu avais combattu comme un homme, tu n'aurais pas été pendu comme un chien ! »

Soulier à boucle

DÉGUISEMENT
Leurs formes bien dissimulées sous les vêtements amples des pirates (ci-dessous), Anne et Mary se faisaient aisément passer pour un des leurs. Mais un œil féminin ne s'y trompe guère. Ainsi, la passagère d'un vaisseau marchand capturé rapporte dans son journal « que les forbans employaient des mercenaires féminines, qu'on reconnaît à leur poitrine ! »

Une cravate de toile fine

Une large veste de toile bleue

Une coiffure inspirée des turbans

Large baudrier de cuir pour porter le sabre

Traditionnelle, la chemise du marin bleu et blanc

MOULINETS
Nombre d'illustrations représentent les dames flibustières au combat, faisant tournoyer de lourdes haches d'abordage au-dessus de leur tête. On peut en déduire qu'elles étaient capables d'effectuer n'importe quelle tâche à bord.

Les pirates de Ching Shih au travail, poignards et sabres brandis

CHING SHIH
Au début du XIXe siècle, une immense flotte pirate terrorisait la mer de Chine. Elle avait à sa tête une femme : Ching Shih, capitaine de son état et brillant chef d'entreprise, régnant sur un empire fort de 1 800 navires et de 80 000 forbans.

POIGNARD D'ABORDAGE
Une arme indispensable pour « finir » les ravages du sabre.

Pistolet à silex

CAPTAIN CHARLOTTE
Elle eut un destin original. Née en Angleterre en 1636, Charlotte de Berry grandit, ne rêvant que plaies et bosses sur mer. Vêtue en homme, elle suivit son époux sur un vaisseau de la Navy. Plus tard, embarquée sur un navire en route vers la côte d'Afrique, elle prit la tête d'une victorieuse mutinerie. On la retrouvera ici ou là, arraisonnant des galions espagnols chargés d'or.

ANNE BONNY
La rencontre des deux femmes pirates est cocasse. Anne Bonny la première avait pris l'habit masculin des forbans. L'élégant matelot séduisit Mary Read lors d'une rencontre fortuite et cette dernière, amoureuse, avoua ses sentiments à Anne Bonny qui éclata de rire, dévoilant sa condition féminine. Meilleures amies du monde elles scellèrent désormais leur destin dans l'aventure et ne durent leur grâce auprès du tribunal qui les jugeait qu'à leur état de futures mères.

SOUS LE PAVILLON NOIR

Orné des emblèmes de la mort, le pavillon pirate intimait à ceux qui l'apercevaient l'ordre de se rendre sans combat. Pour autant qu'il pût inspirer la terreur, il semait moins l'effroi que le pavillon rouge. Celui-ci signalait en clair « la mort pour tous » ou « pas de quartier ». Mais le jeu des pirates était habile à diviser les équipages en résistants et en vaincus. Si certains se défendaient héroïquement, d'autres, au contraire, se rendaient de bonne grâce pour entrer dans le monde de la piraterie, qui leur semblait être celui de la liberté, éventuellement de la fortune, le risque de se faire prendre étant, à leurs yeux, limité.

INSPIRATION FUNÉRAIRE
Sculpté sur une pierre tombale écossaise du XVIIIe siècle. Mais le défunt n'était pas un pirate !

VÉRITÉ ET LÉGENDE
Le pavillon de Henry Avery possède le crâne et les deux os croisés des pavillons pirates conventionnels. Mais vers 1600, crâne et os croisés n'étaient que le symbole inoffensif de la mort, adopté plus tard par les pirates. Puis il y eut mille variantes.

UN CIMETERRE DE TROP
Le sabre a toujours symbolisé la force. Thomas Tew l'avait adopté pour son pavillon. Mais était-ce un bon choix que ce cimeterre, puisque ce fut un sabre de ce type qui lui coupa la tête lors de son attaque du navire indien *Futteh Mahmood* en 1695.

SUR LES AILES DU TEMPS

Le sablier est un emblème courant sur les pavillons pirates. Sur celui de Christopher Moody, tout comme sur de nombreuses tombes, le sablier a des ailes pour accentuer l'idée de la fuite rapide du temps. Celui que les pirates offraient à leurs victimes pour se rendre ne manquait pas à la règle.

Les pavillons pirates n'étaient pas tous noir et blanc.

COUTURIÈRE EN PIRATERIES

Les pavillons pirates étaient le plus souvent des bouts de grosse toile cousus à grands points par les voiliers du bord et dont les motifs étaient simplistes. Les forbans de New Providence, eux, s'étaient offfert le luxe de faire confectionner leurs pavillons par la veuve d'un maître voilier qui se faisait payer en whisky.

Pirates déguisés en femme pour tromper le navire qu'ils vont attaquer.

PRATIQUES DÉLOYALES

L'honneur étant un sentiment ignoré des pirates, c'était toujours sous un pavillon ami qu'ils approchaient un navire de rencontre, créant ainsi un climat de confiance et désarmant en quelque sorte l'adversaire. Ce n'est qu'au dernier moment que le pavillon noir (ou rouge) était hissé à bloc, semant la terreur sur le navire abusé.

SANGUINAIRE BARBE NOIRE

Sur le pavillon de Barbe Noire figure une silhouette, mi-diable mi-squelette, tenant un sablier et pointant une lance vers un cœur rouge. Jolly Roger, nom anglais du pavillon pirate, vient peut-être du terme français désignant le drapeau « Sans quartier », « Le Joli Rouge ».

PAVILLON PIRATE À MI-DRISSE

L'histoire ne nous dit pas si Mary Read et Anne Bonny combattaient sous le drapeau noir avec crâne et os croisés ni même comment était dessiné celui de leur pirate, le capitaine Calico Jack. On ne sait qu'une chose, c'est qu'au moment où les hommes de la Royal Navy le capturèrent, il n'avait pas eu le temps d'envoyer son pavillon : ivre de rhum, ne pouvant plus tenir sur ses jambes, il laissa les deux femmes combattre seules.

LA FORTUNE SOURIT AUX VÉLOCES

On s'est souvent étonné des disproportions de tonnage entre les gros navires marchands capturés et les minuscules pirates attaquants. Pourtant, rien de surprenant à cela, la vitesse des seconds étant un élément de poids dans les abordages par surprise. Les innombrables récits d'attaque le démontrent.

TRINQUER AVEC LA MORT

Sur son drapeau pirate, Bartholomew Roberts avait choisi de boire avec la Mort . Mais son second pavillon montrait deux crânes marqués l'un ABH, « A Barbadian Head », l'autre AMH, « A Martinican Head », en référence au serment qu'il s'était fait de se venger de deux îles des Caraïbes qui avaient osé se dresser contre lui.

LE PARTAGE DU BUTIN EST RÉGLEMENTÉ

L'espoir d'aborder un gros navire aux cales pleines d'or hantait les rêves de tout pirate. Ce coup de chance c'était pour l'équipage entier la richesse assurée au-delà des espoirs les plus fous. Lorsque Thomas Tew pilla un Indiaman dans l'océan Indien en 1693, chaque membre d'équipage reçut 3 000 livres pour sa propre part de butin et selon l'échelle des valeurs du temps devint du coup millionnaire. Il faut savoir en effet qu'un matelot de la Navy ne gagnait qu'une malheureuse livre par mois ! Mais pour un coup de cette envergure combien de pauvres larcins !

Pendentif de saphir rose en forme de croix

À DÉFAUT DE TRÉSORS
Lorsque les cargaisons ne présentaient aucun intérêt, on rançonnait alors les passagers de tous leurs biens personnels. Une dague comme celle-ci, trop belle pour le combat, ne manquerait pas d'être revendue à terre.

Pièce de huit ou dollar espagnol

Doublon d'or

L'OR ESPAGNOL
De grande réputation était l'or ou l'argent espagnol. Un doublon espagnol en or, c'était deux mois de paie pour un matelot ordinaire. Quant aux pièces de huit en argent, beaucoup étaient découpées pour faire de la menue monnaie.

Broche d'émeraude

CACHES SECRÈTES
La découverte de la cachette secrète d'un célèbre pirate est le thème de nombreuses légendes. Pourtant le trésor de William Kidd fut bel et bien déterré à Gardiner's Island, à l'est de Long Island, près de New York.

Reliquaire

Poignée d'éventail

Croix de saphir rose

Bien qu'impressionnantes les charnières sont toujours fragiles

Vieux coffre de mer anglais du XVIe siècle

Malachite

Sceau

Rubis

Grenat

Croix d'émail

Améthyste

Rubis

PIERRES PRÉCIEUSES
Ce n'était pas une mince affaire que de diviser le butin. John Taylor, ayant capturé un vaisseau portugais en 1721, distribua à ses pirates 4 000 livres et 42 petits diamants. L'un d'eux reçut un gros diamant, équivalant à 42 petits. Armé d'un monstrueux marteau, il ne retrouva le sourire qu'après avoir réduit sa pierre en 42 petits éclats.

À CHACUN SELON SES MÉRITES
Rien de plus difficile que de diviser la prise entre les hommes. Le capitaine et ses « officiers » recevaient habituellement plus que les hommes d'équipage. Le charpentier qui ne participait pas à l'attaque recevait moins que les matelots. Il était prévu deux fois et demie la part d'un matelot pour le capitaine, une fois un quart pour le chirurgien, une demi-part pour le mousse…

Collier de diamants et améthystes du XVIIe siècle

SON POIDS D'OR
Henry Avery et son équipage sont représentés ici en train de charger des coffres contenant un lourd trésor saisi sur le bateau arabe *Gang-i-Sawai*. Ce butin fut évalué à 325 000 livres. Chacun des pirates en reçut 25 000, et Avery lui-même récupéra à cette occasion suffisamment d'argent pour se retirer du métier.

MAIN BASSE
Les corsaires étaient censés revenir au port d'armement pour partager leur prise. Mais comment empêcher les mauvais garçons de faire main basse sur les biens de l'équipage et des passagers du navire capturé ?

PISTOLETS
Simples ou précieux, ils passaient vite dans les ceinturons des pirates.

MAIGRE BUTIN
Habituellement les corsaires se partageaient le butin selon leur grade. Mais dans la pratique, la plupart se contentaient d'empocher de petits objets comme ces anneaux d'or ornés de pierres précieuses.

PRISE DE TABAC
Priser devint à la mode vers 1680 en pleine époque de l'activité boucanière dans les Caraïbes. Sur les grands vaisseaux de transport, il n'était pas rare que les passagers se fassent délester de somptueuses tabatières convoitées par les voleurs du bord.

Tabatière hollandaise en cuivre et laiton

LE PLUS PRÉCIEUX DES BIENS
L'or, l'argent, les pierres peuvent donner une illusion de richesse, mais ce que l'on sait moins c'est que la santé était le souci obsédant des pirates car la maladie à bord marquait la fin de la campagne. Plutôt que de se précipiter sur le coffre du capitaine, on se ruait d'abord sur l'armoire du chirurgien.

Armoire à médicaments du XVIIIe siècle

Un pirate noir

PIRATES ET NÉGRIERS

La capture d'un navire marchand réservait parfois d'étranges surprises aux pirates : au fond de la cale un triste groupe d'hommes enchaînés, des Africains, constituait le chargement du bâtiment, en route pour les colonies américaines. Le trafic négrier était en plein essor aux XVIIe et XVIIIe siècles, et les esclaves achetés en Afrique étaient revendus dix à quinze fois plus cher en Amérique. Nombre de pirates n'hésitaient pas à se faire négriers, acheteurs, transporteurs et même pirates de négriers en revendant la cargaison humaine des navires arraisonnés. Mais vint la fin de ce fructueux négoce, accélérée par l'abolition de l'esclavage.

PIRE QU'UN ANIMAL
Ce barbare collier de fer à quatre barres en croix devait empêcher les hommes de fuir dans la forêt tropicale. Les châtiments infligés aux fuyards dissuadaient de toute récidive.

Chaîne forgée

TRISTE NÉGOCE
John Hawkins (1532-1595), alors corsaire, fut le premier à découvrir que la traite des Noirs pouvait être une « belle affaire ». En 1562 il fit son premier voyage comme négrier, quittant la côte ouest d'Afrique pour les Caraïbes avec 300 Noirs dans ses cales. Une fois son chargement vendu à Hispaniola, il rentra en Angleterre préparer deux autres campagnes tout aussi rentables.

MARCHÉ D'ESCLAVES
Des camps entiers de prisonniers étaient à la disposition des marchands européens qui venaient y faire leur choix. La monnaie d'échange la plus prisée était un bracelet de métal appelé manille, qu'on utilisait également comme monnaie locale.

Manilles

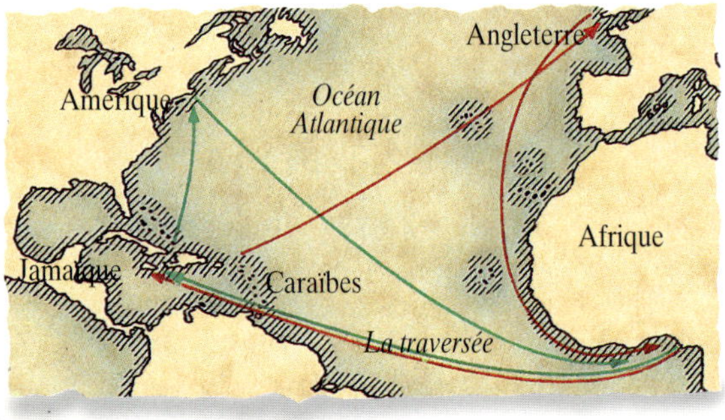

LE VOYAGE TRIANGULAIRE
Les navires négriers partaient d'Europe ou d'Amérique avec des chargements de marchandises bon marché qu'ils échangeaient sur la côte africaine contre des prisonniers faits par les rois du pays. Puis ils se rendaient aux îles Caraïbes où, à son tour, le chargement humain était échangé contre des produits du pays. Ces voyages dits « triangulaires » firent la fortune de ces armateurs d'un nouveau style.

RÉVOLTE À BORD
Largement dépassés en nombre par leurs « passagers », les négriers vivaient dans la crainte perpétuelle d'une révolte. Toute rébellion était sauvagement réprimée et les rebelles n'avaient en mer aucune chance de s'échapper. En revanche, il leur était plus facile, lorsqu'ils étaient à terre, de s'évader des plantations dans lesquelles ils travaillaient.

Quatre barres de fer rivées au collier

Un diagramme qui montre, mieux que tout, les conditions de transport des esclaves.

MOUROIRS
Nombre d'esclaves mouraient pendant la traversée. La recherche du profit conduisait à charger les esclaves en surnombre, sans précautions sanitaires, si bien que les épidémies faisaient de terribles ravages.

Dans l'épaisseur de la forêt, cette extrémité recourbée s'accrochait aux buissons dès que le prisonnier tentait de s'enfuir en courant.

MORT AU TRAVAIL
Couper la canne à sucre dans la chaleur tropicale est un travail épuisant. On « importa » des Noirs pour effectuer cette tâche jugée trop pénible pour les Européens. On les obligeait à travailler au-delà des limites humaines si bien que les morts se comptaient par centaines.

ENCHAÎNÉS
Après avoir été battus, les rebelles étaient enchaînés à plusieurs et devaient travailler dans ces pénibles conditions.

Collier de fer

PIRATES CONTRE NÉGRIERS
La côte ouest de l'Afrique fut le théâtre des exploits de Bartholomew Roberts (1682-1722) qui rançonna onze navires négriers à l'ancre. Roberts avait commencé sa triste carrière en 1719 comme fournisseur d'esclaves sur la côte de Guinée. Lorsqu'un navire pirate vint un jour ravager son établissement, l'idée lui vint de changer de camp et il devint leur chef.

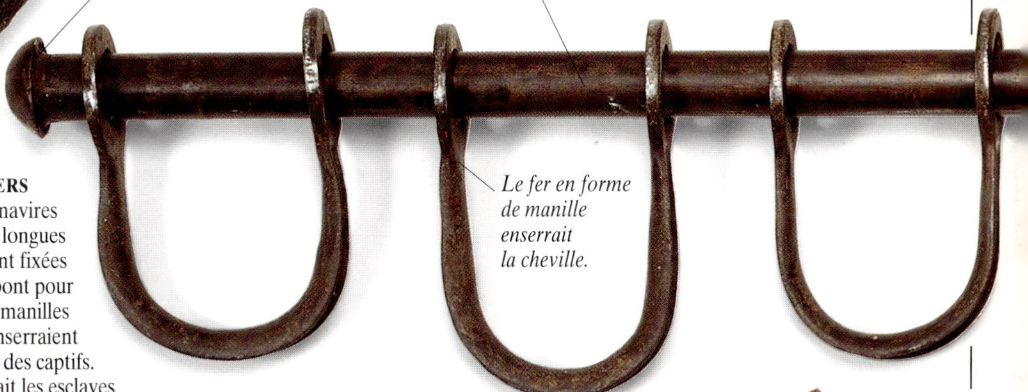

Plus de 20 esclaves pouvaient être mis aux fers sur une seule barre.

La barre centrale des fers était rivée au sol de la cale.

Le fer en forme de manille enserrait la cheville.

Le collier et ses barres extrêmement lourdes constituaient à eux seuls un véritable instrument de supplice.

MIS AUX FERS
A bord des navires négriers, de longues barres étaient fixées sur le faux pont pour recevoir les manilles de fer qui enserraient les chevilles des captifs. On ne libérait les esclaves que quelques heures par semaine et par petits groupes, pour qu'ils s'aèrent sur le pont.

MIEUX VAUT ÊTRE PIRATE QU'ESCLAVE
Dans les Caraïbes les capitaines pirates embarquaient sans autre forme de procès les malheureux esclaves qui avaient réussi à s'échapper des plantations. Ils constituaient parfois un bon tiers de l'équipage, la vie sur un bateau étant plus attirante que la dure vie d'esclave.

LES RISQUES DU MÉTIER
Les conditions de travail dans les plantations étaient bien moins idylliques que sur cette image. On travaillait 12 heures par jour, la chicote des surveillants empêchait de s'endormir, et si toutefois le sommeil prenait le dessus on risquait de tomber dans la machine à broyer ou dans la chaudière à mélasse. Les pirates venaient parfois faire un raid pour voler des esclaves et les revendre.

Lourde lanière de cuir

Manche de bois gainé de cuir

Le gardien accrochait son fouet à la ceinture par un anneau.

À COUPS DE FOUET
Les esclaves tentaient de fuir les plantations pour rejoindre les navires pirates. Repris par les gardes, ils étaient fouettés à mort.

LA RUDE VIE DU MARIN

La vie à bord d'un navire pirate était faite de contrastes. L'attaque d'une prise apportait avec sa violence l'émotion de la bataille et la crainte de mourir au combat. Puis suivaient parfois des semaines vides où l'ennui qui régnait au sein de l'équipage faisait naître des bagarres entre hommes pour des riens. D'autre part les initiatives du capitaine dans l'organisation de la campagne pouvaient plaire ou déplaire. À tous moments, l'organisation démocratique de la société pirate amenait cette dernière à voter aux voix. Aussi, mis en minorité, le capitaine pouvait se voir destitué et remplacé.

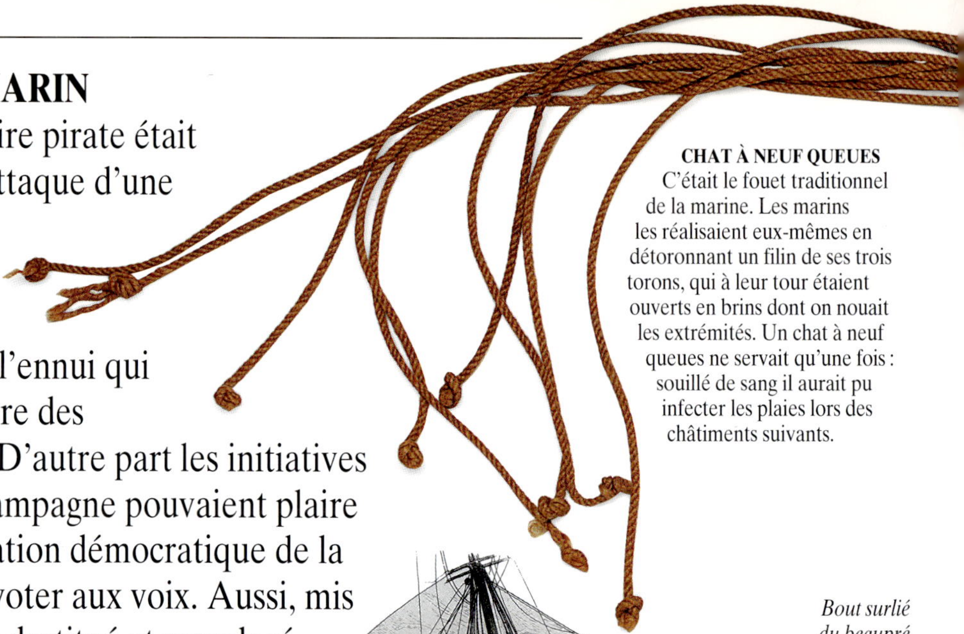

CHAT À NEUF QUEUES
C'était le fouet traditionnel de la marine. Les marins les réalisaient eux-mêmes en détoronnant un filin de ses trois torons, qui à leur tour étaient ouverts en brins dont on nouait les extrémités. Un chat à neuf queues ne servait qu'une fois : souillé de sang il aurait pu infecter les plaies lors des châtiments suivants.

Bout surlié du beaupré

EN HAUT LE MONDE
Sur les bateaux pirates tout le travail était fait à la force des bras. Un équipage musclé et rapide était un atout incontestable pour maintenir le cap et la vitesse du navire.

Le nécessaire se roulait pour tenir dans la poche.

Cuiller tire-balle

Couteau affûté en rasoir pour pratiquer les courtes incisions

BISTOURI OU COUTEAU
Les pirates appréciaient la présence à leur bord d'un chirurgien docteur ; mais, souvent, celui-ci ne pouvait pas faire grand-chose pour les blessés graves. Les opérations chirurgicales entraînaient des infections fatales. Sa trousse était bien sommaire. Une scie dans une housse à part complétait cet attirail.

On gardait l'aiguille en la passant dans le nœud de fermeture de la paumelle.

Fil de coton ciré

Trou pour le pouce

RAVAUDÉ ÇA REMARCHE
En mer, les remises en état occupaient de nombreuses heures. Les voiles et le gréement demandaient le plus de travail. Il fallait souvent rapiécer les voiles car, à force de frotter sur les étais, la toile se déchirait. Quant au filin il était changé bout pour bout.

RÉPARER OU REMPLACER
Les pirates préféraient voler des voiles neuves sur une prise plutôt que de s'embarrasser en réparations. Lorsque Bartholomew Roberts captura le *King Salomon*, son équipage déroba cordes et voiles mais jeta la cargaison par-dessus bord.

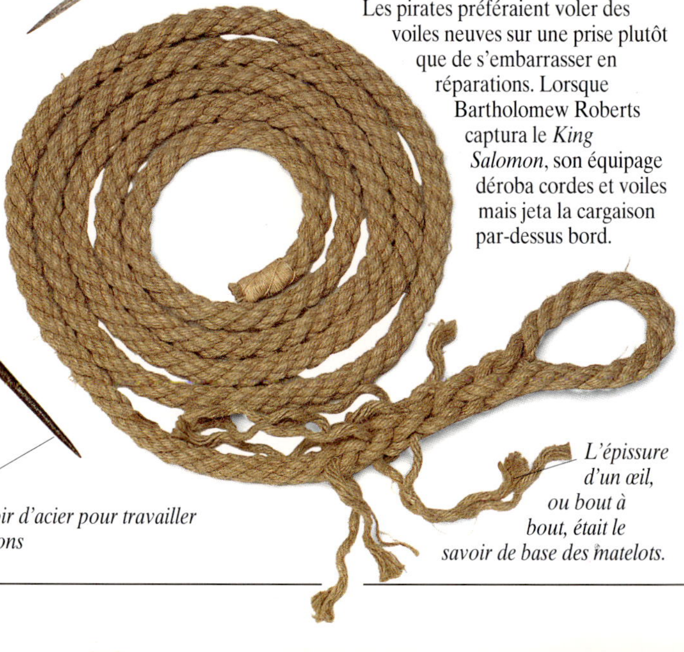

TRAVAIL DU FILIN
Après la bataille ou la tempête, l'équipage ne manquait pas de travail. Sur les navires pirates se retrouver au plus vite en état de naviguer était une question de survie. Les hommes de Bart Roberts ne mirent que deux jours, en 1722, pour regréer à fond leur bateau trop endommagé pour naviguer.

Epissoir d'acier pour travailler les torons

L'épissure d'un œil, ou bout à bout, était le savoir de base des matelots.

Les queues propres de ce chat montrent qu'il n'a jamais été employé.

Garniture de tissu pour une meilleure prise

FOUETTEURS FOUETTÉS
Lorsqu'ils capturaient un navire, les pirates traitaient les officiers de leur prise comme ces derniers avaient traité leur équipage. Sur le bateau pirate les capitaines fouetteurs pouvaient s'attendre à goûter les mauvais traitements qu'eux-mêmes avaient infligés.

CONTRAT D'ENGAGEMENT

De nombreuses confréries de pirates avaient un code de conduite agréé par leurs membres.

I - Chaque homme a droit de vote pour régler toute affaire courante, et égal titre à percevoir les provisions fraîches et les alcools forts.

II - Nul n'est autorisé à jouer aux cartes ou aux dés pour de l'argent.

III - Lumières et chandelles doivent être éteintes à 8 heures le soir.

IV - Chaque homme a le devoir de garder propre et en état de fonctionnement son mousquet, son pistolet, son coutelas.

V - Aucun enfant, aucune femme ne sont tolérés à bord.

VI - La désertion au cours d'un engagement est punie de mort ou de délaissement.

Bras de vergue

Les légers canons pivotants étaient faciles à charger et à pointer mais leur portée était courte.

Le pavillon rouge britannique était l'un des innombrables pavillons nationaux que le navire pirate emportait dans ses expéditions.

Le capitaine et quelques officiers étaient logés à l'arrière.

Les tonneaux d'eau douce et de rhum servaient de lest.

Les faux ponts étaient en général bondés, les navires ayant des équipages doublés pour mettre à bord des prises.

NAVIRE PIRATE « AMIRAL »
Autant de pirates autant de types de navires, allant des très petites unités, des eaux intérieures, jusqu'aux grands trois-mâts océaniques. La taille du navire ajoutait d'ailleurs à l'effroi de ceux qu'un grand voilier pirate approchait. Ici un éclaté du *Whydah* qui coula au large de la côte du Massachusetts en 1717.

PASSAGERS INDÉSIRABLES
Comme sur tous les navires les rats ne manquaient pas sur les bateaux pirates. Rongeurs actifs, non seulement ils s'attaquaient aux provisions de bord mais ils pouvaient faire couler le navire en rongeant la coque elle-même.

AUJOURD'HUI, TORTUE AU MENU !

« De grâce, plus de tortue bouillie ! » Les pirates étaient souvent réduits à la portion congrue et quand il y avait de la viande… c'était hélas de la tortue. Et quand il n'y avait ni viande fraîche ni poisson, on survivait de biscuit de mer et de viande séchée mouillés de vin ou de bière. Mais mieux valait cette pitance monotone que la disette après un naufrage sur une île déserte ou lorsque le navire était pris dans les calmes interminables. Des cas d'anthropophagie ont été signalés. Sur le navire de Charlotte de Berry deux esclaves furent dévorés ainsi que le mari de la farouche dame-pirate.

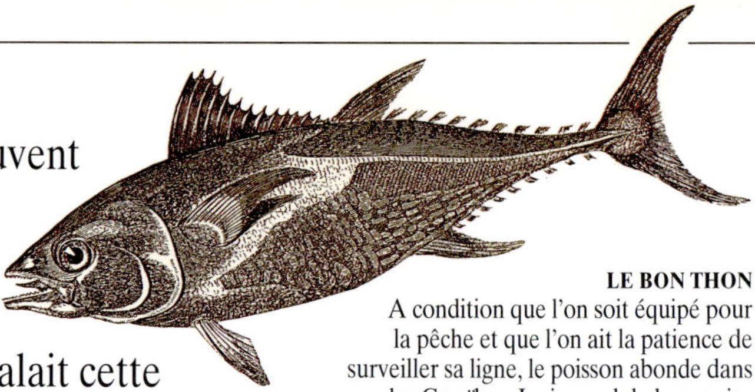

LE BON THON
A condition que l'on soit équipé pour la pêche et que l'on ait la patience de surveiller sa ligne, le poisson abonde dans les Caraïbes. Le journal du boucanier Basil Ringrose en porte témoignage : « Dauphins, thons, bonites, albacores, mulets viennent nager autour de nous quand nous sommes sur les hauts fonds. »

CLUB SANDWICHES
Les pirates vivaient de la terre autant qu'ils le pouvaient. Sur les îlots perdus, les animaux que nul n'avait jamais chassés n'étaient pas farouches et se laissaient prendre à la main.

Marins à la chasse aux oiseaux (XVIe siècle)

RAVITAILLEMENT
En dehors des ports conventionnels, les flibustiers pouvaient dans certaines îles refaire presque tout l'approvisionnement de leur navire, en vivres et matériel de gréement. On lit dans le journal de Ringrose : « Ayant touché terre dans cette île, nous y trouvâmes du bois de mâture et des chèvres sauvages. »

CUIR BRAISÉ !
En 1670 la bande de Henry Morgan se trouva à la mer dans une telle situation de famine qu'elle fut réduite à dévorer des pièces de cuir du bord hachées menu. Un des pirates en laissa une recette : « Émincez le cuir en fines bandelettes et ramollissez-le en le martelant, puis passez-le à la poêle. Recoupez les morceaux et servez accompagné de beaucoup d'eau fraîche. »

TORTUES À GOGO
D'une surprenante agilité en mer, les malheureuses tortues ne sont plus à terre que de grosses bêtes pataudes. Une fois retournées, pattes en l'air, il leur restait à attendre l'embarquement sur le navire, pour les jours de tortue au menu.

Même les nageoires de tortue sont comestibles.

SOUPE, STEAKS, OMELETTES
Les eaux des Caraïbes regorgent de tortues, qui constituent pour les pirates l'une des rares sources de viande fraîche. A part la carapace (dont on fit très tôt des montures de lunettes alors que le plastique n'était pas encore inventé), tout se mange dans ce gros animal et mieux encore en dehors de lui, car ses œufs sont particulièrement prisés. Il n'est pour les trouver que de fouiller le sable au pied des cocotiers.

VIVRES FRAIS
Comme tout autre équipage des XVIIe et XVIIIe siècles, les pirates emportaient à bord, dans une cage, un coq et son harem de poules, pour avoir à la fois viande et œufs frais.

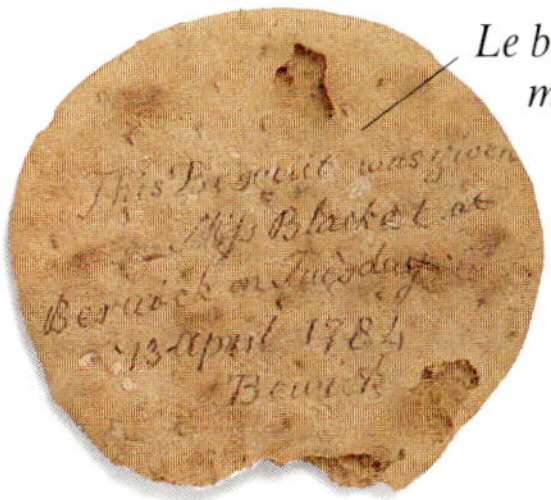

Le biscuit de mer : de l'eau, de la farine, le tout cuit solidement

DUR COMME DU BOIS
Biscuit de mer et biscuit de soldat avaient à peu près les mêmes qualités de longévité, et à tout coup le même défaut, une dureté de bois ou de pierre. Très vite, le biscuit était infesté de vers. Les pirates mangeaient dans le noir pour ne pas les voir grouiller !

MÉDECINE PRÉVENTIVE
Plus que tout autre navigateur, le pirate était exposé au scorbut, dû à l'absence de vitamine C dans l'alimentation. Dents déchaussées, gencives gonflées, d'abord, puis extrême faiblesse et décès, tels étaient les aspects de ce mal des grandes traversées sans escales. Vers 1753, on établit que l'absorption de légumes verts et de fruits préservait de la maladie.

Le vin et le brandy, deux boissons en honneur chez les Frères de la Côte

L'œuf providence, un trésor de protéines

Plat d'étain massif

SERVICE DE TABLE
Un plat en étain, plus certainement en usage pour le service du commandant sur un galion espagnol que sur un lougre pirate où les bonnes manières à table étaient inconnues. Œxmelin ne dit-il pas des pirates : « Leur faim était telle qu'ils ressemblaient plus à des cannibales qu'à des Européens ... » ?

Des couverts à coup sûr pillés sur un navire de haut bord

La fourchette se replie dans le manche.

DES COUVERTS, POUR QUOI FAIRE ?
Inconnus à bord des bateaux pirates les couverts étaient avantageusement remplacés par des couteaux de poche ou par les doigts des matelots.

BOUTEILLES OU BARILS
L'eau douce croupissait dans les barriques stockées à fond de cale pour lester le navire. Il eût fallu vider les futailles, les rincer, les gratter pour les assainir, aussi les bords embarquaient-ils de grandes quantités de bière, le plus souvent en tonneaux, les bouteilles de grès étant trop lourdes et trop fragiles.

Il suffisait d'un court moulinet de coutelas pour briser le col du récipient.

Bouteille de bière du XVIIe siècle

CUISINE DE BEAU TEMPS
A bord de l'*Aventure* du capitaine Kidd (p. 46), il était dangereux de cuisiner par gros temps, car, avec le roulis, le chaudron versait.

PICHET À GROG
Arrosée d'un bon demi-gallon de vin à 16° la nourriture servie à bord devenait à peu près tolérable.

LES ESCALES OU L'HEURE DE LA DÉTENTE

Vivant entassés les uns sur les autres des mois durant à bord de mauvaises barques puantes, insalubres, à peine navigables, pirates et boucaniers rêvaient d'escales en terre ferme comme de paradis. Lorsqu'ils abordaient en un port, la plupart étaient assez riches pour acheter pratiquement tout ce qu'ils désiraient. Mais leur butin flambait comme allumette, en festins, filles de joie, jeux d'argent, comme l'a rapporté un témoin : « Certains pirates étaient capables de dépenser deux ou trois mille pièces de huit en une seule nuit, ne gardant que leur chemise sur le dos. » Et comme une vache coûtait deux pièces de huit, ces hommes jouaient en un coup l'équivalent de tout un élevage. Mais la vie à terre n'était pas que fêtes et beuveries. Ils devaient aussi travailler, mettre le bateau en carénage, le réparer et l'avitailler en eau fraîche et en provisions en vue de nouvelles expéditions.

LOVE IS MONEY
Les femmes étaient bannies de la plupart des bateaux pirates. Cependant, elles montaient souvent à bord lorsque les bateaux étaient au mouillage. Après de longs jours de mer, leur compagnie était habituellement très recherchée. Nombreuses étaient les femmes prêtes à partager le butin des pirates et à se joindre à leurs fêtes sauvages.

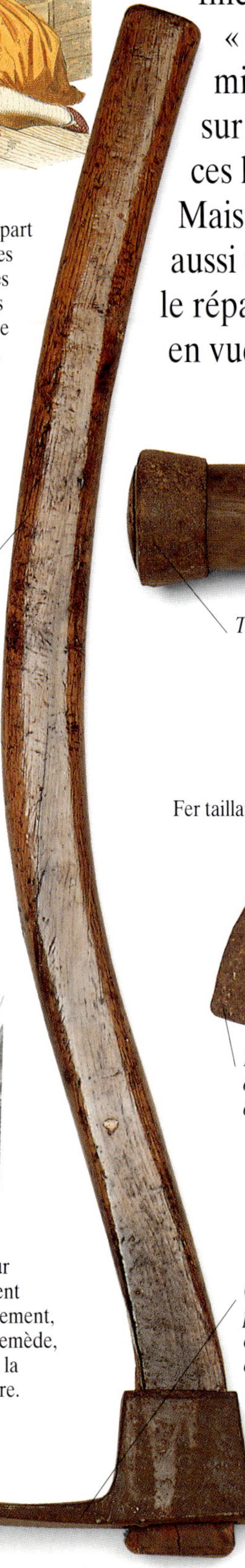

Un manche lourd manié à deux mains

Gratte de carénage pour débarrasser la coque des berniques et des algues

Herminette

Tête pour frapper les fers

Maillet de calfat

Fer taillant

Large lame pour ouvrir les coutures et les nettoyer

Bec de corbin

Bec de corbin pour arracher l'étoupe ancienne

Fer à calfat

Lame mince pour introduire la nouvelle étoupe

Louche à brai

Louche pour garnir les coutures de brai

En escale de carénage

CARÉNAGE
Dans les eaux chaudes les herbes et les berniques poussent à merveille sur les carènes réduisant considérablement la marche des navires. Pire, insidieusement, les vers trouent les coques. Un seul remède, une fois l'an : haler la barque à terre, la gratter, la fumer, la calfater, la peindre.

À CHACUN LES OUTILS DE SON ART
Les coques en bois exigeaient beaucoup d'entretien. Et il est toujours surprenant d'imaginer qu'au milieu de ces têtes brûlées qui constituaient les équipages pirates, il y ait eu des artistes de l'herminette et du fer à calfat capables de déposer un moment leur sabre pour soigner leur bateau.

Bord d'argent

BLACK JACK
Les tavernes bordant les docks accueillaient les pirates assoiffés. Ces derniers ingurgitaient de copieuses quantités de bière et de vin à l'aide de « black jacks » chopes de cuir étanches enduites de poix.

BAMBOCHE NOCTURNE
Cette illustration représente les équipages de Barbe Noire et de Vane en fête sur Ocracoke Island au large de la Caroline du Nord. En fait peu de grands ports acceptaient ces festivités sauvages et le monde pirate avait ses bases de prédilection pour célébrer ses sinistres succès.

Jeu de cartes du XVIIe siècle illustrant un complot politique de l'époque

Dés de bois

JEUX D'ARGENT
Se terminant mal la plupart du temps, ils étaient interdits à bord des vaisseaux pirates. On se rattrapait à terre, dans d'obscures tavernes où les dés pipés et les cartes biseautées avaient libre cours.

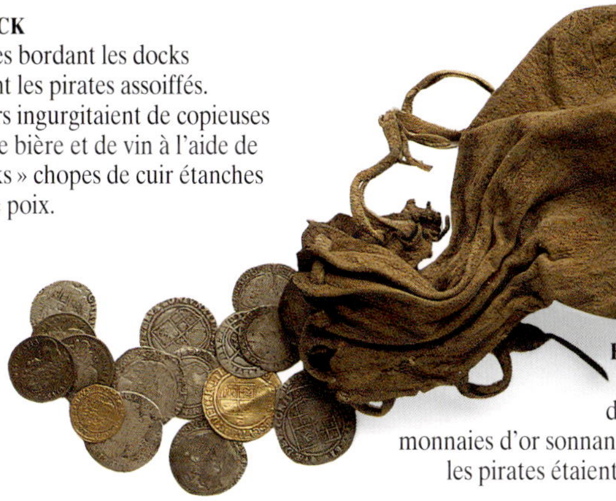

BOURSES PLEINES
Réputés pour déverser des flots de monnaies d'or sonnantes et trébuchantes, les pirates étaient les bienvenus dans beaucoup de ports.

REPAIRES DE BOUCANIERS
Port Royal de la Jamaïque attirait la boucane comme l'aimant l'acier. On s'y amusait d'abondance. Mieux, les gouverneurs anglais avaient vite compris que la faune guerrière de ces visiteurs reçue à bras ouverts éloignerait un probable assaillant espagnol. Un tremblement de terre anéantit en 1692 ce haut lieu de corruption.

PLAISIR DE LA PIPE
Royal plaisir de la terre ferme. Tout feu à bord étant interdit les hommes n'étaient autorisés qu'à chiquer. Sitôt à terre on sortait son brûle-gueule.

Pipe en terre

Couvercle

CHOPE D'ÉTAIN
D'un meilleur niveau social que le black jack, le pot d'étain trônait sur les tables des cabarets convenables. Les verres étaient inconnus et puis ces lourds pichets n'étaient-ils pas des armes à lancer magnifiques en cas de bagarre ?

JUSQU'À PLUS SOIF !
Qui a jamais connu un boucanier à jeun ? Le rhum était pour eux aussi indispensable que l'eau pour survivre. Rhum ou tout autre alcool capable d'entretenir un niveau éthylique raisonnable. Prosélytisme aidant, on ne manquait jamais de mettre un baril en perce au milieu de la rue et d'obliger – sous peine de pistolade – passants et passantes à trinquer largement.

Des bouteilles sombres. La mode au XVIIe siècle.

L'ESCALE DU VIEUX CALABAR
La plage du Vieux Calabar, sur la côte de Guinée, était pour les pirates un coin idéal pour caréner. Les petits fonds interdisaient aux navires de guerre d'approcher. On y trouvait nourriture et refuge paisible. Ci-dessus, l'équipage de Bartholomew Roberts (p. 39), qui y faisait fréquemment escale, se détend après une dure journée de calfatage.

LES NAVIRES PIRATES SILLONNENT L'OCÉAN INDIEN

Lorsque les prises importantes commencèrent à se faire rares dans les Caraïbes, de nombreux pirates se déplacèrent vers l'océan Indien : c'est là en effet qu'ils trouvaient les flottes de l'or du Grand Moghol et les navires des compagnies des Indes orientales, française, anglaise, hollandaise. Les pirates se regroupèrent à Madagascar, l'île étant parfaitement placée sur les routes du commerce entre l'Europe et les Indes et celles des pèlerinages musulmans vers la mer Rouge. Ils amassèrent rapidement de vastes fortunes. Cependant, les forfaits des Kidd et des Avery ruinant le commerce avec les Indes, les grandes nations maritimes d'Europe finirent par s'unir dans une lutte commune contre la piraterie.

Vaisseau de la Cie des Indes

Kidd enterrant sa bible : un épisode de la vie mythique du pirate

CAPTAIN KIDD
Né en Écosse (1645-1701), William Kidd était un homme d'affaires de New York envoyé dans l'océan Indien pour en chasser Avery et ses pairs. Mais sous la pression des bandits qui constituaient son équipage, ce justicier se fit lui-même pirate. Arrêté dès son retour, Kidd fut jugé et pendu.

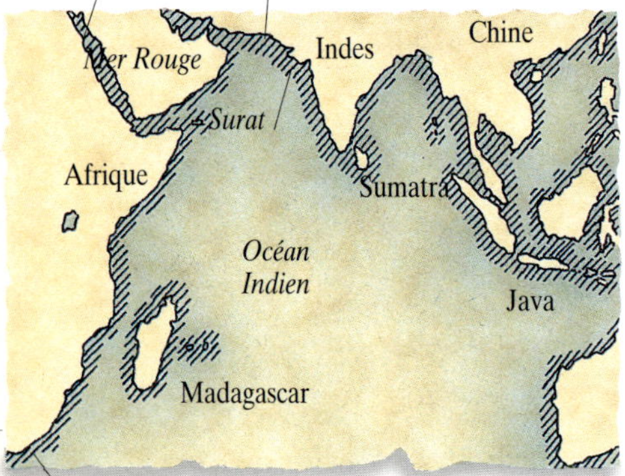

La Mecque

Avery captura le Gang-i-Sawai *près de la rivière Indus.*

Cap de Bonne-Espérance

LA « BONNE ESPÉRANCE » DES PIRATES
Après avoir doublé le sud de l'Afrique, les navires de commerce européens pouvaient prendre deux routes différentes pour se rendre aux Indes et en Chine, mais l'une comme l'autre passaient à quelques centaines de milles de Madagascar, le repaire des pirates.

PRISES SCINTILLANTES
Souvent, à l'ouverture des coffres, des gemmes de grande valeur étincelaient. Sur le *Gang-i-Sawai*, Avery découvrit une selle constellée de rubis et de diamants.

Les enfléchures permettent aux gabiers de monter dans la mâture pour le service des voiles. C'était un endroit idéal également pour dominer la situation en cas d'abordage et tirer sur l'ennemi.

VAISSEAU DE LA COMPAGNIE DES INDES
Chargés de riches marchandises, les navires des compagnies des Indes étaient la proie favorite des pirates, aux XVIIe et XVIIIe siècles. Sur la route vers l'est les navires transportaient des métaux précieux bruts ou travaillés. Sur le chemin du retour le chargement était composé de porcelaine, de soieries et d'épices exotiques.

PORCELAINES HORS COURS
Les fines porcelaines de Chine étaient particulièrement appréciées en Europe aux XVIIe et XVIIIe siècles. Dès 1684, date de l'ouverture d'un comptoir de la Compagnie des Indes à Canton, les vaisseaux européens ramenèrent dans leurs cales des milliers de tonnes de ces précieuses pièces de l'artisanat du feu.

AU PARADIS DES PIRATES
Souvent décrit par la légende comme un paradis tropical insulaire, Madagascar jouit de la réputation usurpée d'une île où les forbans mèneraient une vie « princière ». Non sans humour le Captain Johnson présente ces ribauds entourés d'innombrables beautés du pays, comme un des visages du bonheur exotique.

LE BEL EXPLOIT
Henry Avery (1665-1728) est tout particulièrement connu pour la capture du *Gang-i-Sawai*, navire du Grand Moghol, chargé de pèlerins et de trésors, en route de Surat à La Mecque. Les brutalités dont furent victimes les passagers du navire entraînèrent de très violentes protestations auprès des autorités britanniques.

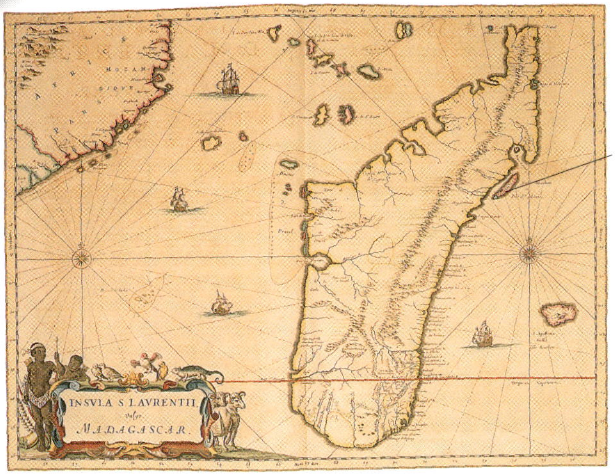

Île Sainte-Marie

EN LIEU SÛR
Plus qu'une île, Madagascar est un véritable petit continent qui fut pour les pirates une base inexpugnable. À la fin du XVIIe siècle la colonisation européenne y était inexistante. Cependant la prudence inspira aux pirates l'idée de construire une base fortifiée à l'île Sainte-Marie, sur la côte nord-est, une position de repli en cas d'alerte.

PIRATES DU BEAU MONDE
L'Américain Thomas Tew monta ce qui fut appelé dans les salons la « tournée piratière ». Partant d'Amérique du Nord pour l'océan Indien et retour, des navires armés par des hommes d'affaires sans scrupules écumaient les mers pour le compte de leurs commanditaires. Tew fut tué en 1695 au cours d'une expédition avec Avery.

Les plates-formes de hune étaient aussi des positions de tir inexpugnables pour viser les vaisseaux pirates.

Les vaisseaux des compagnies des Indes possédaient une forte artillerie pour résister aux attaques des pirates.

Très large pour contenir un chargement important, la coque de ces navires avait de mauvaises lignes hydrodynamiques.

Feuilles de thé

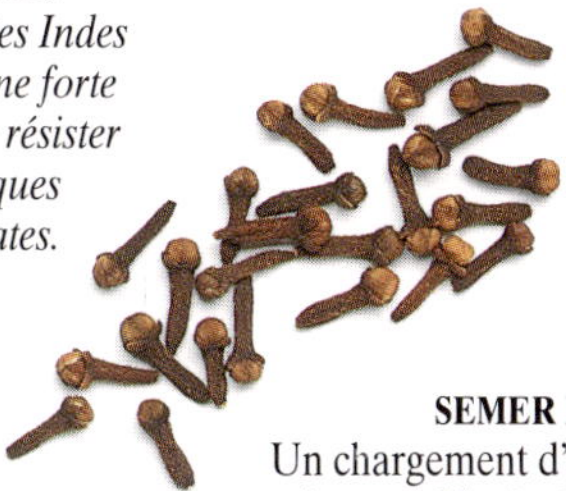

Clous de girofle

Poivre

Café vert

SEMER LE BUTIN
Un chargement d'épices était souvent invendable. Le hasard voulut que ces épices débarquées à terre ensemencent la grande île, au point d'en faire au XVIIIe siècle une remarquable productrice de poivre, de girofle et de cannelle.

Muscade

Cannelle

CHÈRE TASSE !
Le thé et le café se revendaient en Europe avec un profit considérable. En 1700, le prix d'une livre de thé équivalait à la solde de deux semaines d'un ouvrier et l'on a dit que dans les cuisines des châteaux le personnel séchait au four les feuilles de thé récupérées dans les théières de leurs maîtres pour les revendre.

NAUFRAGÉ
Les pirates naufragés enduraient le même isolement que les délaissés pour punition. Seul espoir, une voile à l'horizon arrivant en secours.

COMMENT SURVIVRE SUR UNE ÎLE DÉSERTE ?

Abandonné seul sur une île, un pirate disgracié par son capitaine pour faute grave à bord regarde impuissant s'éloigner son navire. Une île déserte est une prison sans murs. La mer dissuade de toute évasion et les chances d'être délivré de l'exil sont faibles. Bien qu'abandonnés, les condamnés recevaient parfois quelques armes et outils. Malheur à ceux qui ne savaient ni pêcher ni chasser. L'abandon sanctionnait un vol à bord ou une désertion au combat. Cependant, ce triste sort n'était pas seulement réservé aux pirates indélicats ou couards, c'était aussi celui des équipages d'honnêtes navires que le sort ou la tempête avaient jetés sur les atterrages de ces terres inhabitées.

MATÉRIEL DE SURVIE
Un pirate délaissé était mis à terre avec très peu de matériel. Le code pirate du captain Phillips stipulait que le puni recevrait « une bouteille de poudre, une bouteille d'eau, une petite arme à feu, des balles ». Le malheureux n'avait pas de quoi allumer un feu, aucun matériel de cuisine et rien pour se couvrir. Parfois un camarade compatissant donnait en secret à l'abandonné un briquet et de l'amadou, un cadeau qui valait plus que de l'or ou des pierres précieuses.

DÉFENSE OU CHASSE
Le pistolet était utile pour se défendre contre les bêtes sauvages, mais le mousquet convenait mieux pour la chasse.

ALEXANDRE SELKIRK
Las des rixes entre marins à bord de son navire, le corsaire Alexandre Selkirk (1676-1721) demanda à être abandonné sur une île. A peine avait-il été mis à terre qu'il changea d'avis, mais son bateau avait déjà appareillé. Force fut pour lui d'aménager son infortune. Entre autres occupations originales il apprit aux chats et aux chèvres de l'île à danser.

UN JOUR DE GRÂCE
Une bouteille d'eau pour 24 heures. Au-delà, c'était pour l'abandonné la recherche obsédante d'un point d'eau.

L'ÎLE PERDUE
Le lieu de résidence d'Alexandre Selkirk, de 1704 à 1709, fut une petite île du Pacifique sud à 600 kilomètres à l'ouest du Chili, l'une des îles Juan Fernández. Mas a Tierra (c'était son nom) avait de grandes réserves d'eau et des troupeaux de porcs et de chèvres sauvages qui le nourrirent et l'habillèrent. Lorsque ses sauveteurs le découvrirent il était sale et loqueteux mais l'idée de devoir quitter son domaine ne lui fit aucun plaisir.

ROBINSON CRUSOÉ
Le plus célèbre de tous les naufragés de fiction fut créé par Daniel Defoe (I660-1731). L'auteur fonda son récit sur la propre aventure de Selkirk mais donna à son héros un compagnon inattendu, le « sauvage » Vendredi. Crusoé, lui, demeura 25 années sur son île et vécut bien plus confortablement qu'un naufragé ordinaire.

DESTIN SOLITAIRE
Dans cette peinture imaginaire de Howard Pyle, un pirate solitaire, abandonné sur une île déserte, attend la mort au bord de la mer en réfléchissant à sa destinée. Image ô combien romantique, et combien éloignée d'une réalité qui devait être sans doute davantage celle de la lutte pour la survie quotidienne.

De la poudre noire

Des balles en plomb

Une corne à poudre

À LA CÔTE !
Souvent les pirates mettaient à bord de leur prise une partie de leur équipage pour ramener le bateau au port et le vendre. Soit que le navire fût mauvais, soit que l'équipage se révélât totalement ivre ou incompétent, c'était parfois le naufrage sur un récif inconnu, et autant de naufragés supplémentaires.

LA BONTÉ NE PAIE PAS
Edward England, capitaine pirate, naviguant le long de la côte d'Afrique, tomba en désaccord avec son équipage sur le sort à accorder à un prisonnier. Accusé de trop de mansuétude par ses hommes, il fut destitué et abandonné avec deux autres marins sur une île déserte voisine de l'île Maurice. Là ils réussirent à construire une barque et à rejoindre Madagascar où England mourut.

PLUS RIEN !
Un plein de corne à poudre assurait une vingtaine de coups. C'était le lot des délaissés. Après, il fallait s'ingénier à survivre. Dans les Bahamas un groupe de mutins vécut de longs mois de coquillages, de baies sauvages et parfois de raies électriques qu'ils harponnaient.

RENÉ DUGUAY-TROUIN
Certainement l'un des plus connus parmi les corsaires français, Duguay (1673-1736) commanda un 40-canons dès l'âge de 21 ans. En 23 années de carrière il captura 16 vaisseaux de guerre et 300 navires marchands.

Statue en marbre de Duguay-Trouin

LE CŒUR DE SAINT-MALO BAT POUR LA COURSE

Saint-Malo, connue en France sous le nom familier de « Cité corsaire », a longtemps été appelée, de l'autre côté de la Manche, « le nid de frelons ». Au XVIIe siècle, le port s'était enrichi des profits de la course. Dans beaucoup de familles de la région ce métier traditionnel se poursuivait de père en fils. Ses origines remontent au IXe siècle, lorsque les Bretons durent se défendre contre les envahisseurs vikings. Puis, au XIe siècle, ces hommes du Nord ayant été intégrés dans le paysage français, les corsaires ne manquèrent pas d'ouvrage, la France étant pour ainsi dire en conflit permanent avec bon nombre de nations maritimes, à commencer par l'Angleterre. Le « nid de frelons » déployait une activité telle que l'envoi d'une machine infernale contre la Cité corsaire fut décidé outre-Manche en 1693. Un malheureux chat fut sa seule victime et les Malouins continuèrent la course de plus belle.

DES PISTOLETS PAR PAIRE
L'usage voulait qu'on en portât au moins deux à la ceinture, l'un venant au secours de l'autre en cas de long feu. Ce sont les armes types des abordages, mais, hélas, la plupart n'ont qu'un coup à tirer. Cette paire appartint à Robert Surcouf. Les canons et les platines sont en bronze.

La patine du matériel témoigne de son emploi intensif.

Pistolets artistement sculptés et gravés

Le nom de Surcouf apparaît finement ciselé sur les pontets des pistolets.

Les silex manquent. Rarissimes sont les paires de pistolets avec platine à gauche pour la main gauche.

HÉROS DU LARGE
La presse et l'imagerie françaises ne manquèrent jamais de célébrer les exploits de leurs marins, véritables héros nationaux. Et puis la course enrichissait. Les meilleures familles y prenaient part, jusqu'à l'évêque de Saint-Malo qui en espérait des profits pour ses pauvres. Des rues avaient déjà pris le nom de marins, plus tard on en baptisa des bateaux qui reçurent en figure de proue l'effigie des corsaires. Ici Duguay-Trouin.

Figure de proue d'un navire du XVIIe siècle

DUNKERQUE
Ville natale de Jean Bart, Dunkerque connut tour à tour les occupations espagnole, française et anglaise. Redevenu port français, Dunkerque devint une base corsaire pour concurrencer Saint-Malo.

JEAN BART
Jean Bart (1651-1702) écuma la Manche et la mer du Nord, ramenant des convois de blé vers la France au moment où la famine menaçait. Prisonnier sur un ponton anglais, il parvint à s'échapper et à traverser la Manche à l'aviron pour regagner son pays.

ROBERT SURCOUF
Né un siècle après Duguay-Trouin, Robert Surcouf (1773-1827) pratiqua la guerre de course contre le commerce anglais, armant ses navires dans sa ville natale, Saint-Malo. Sa base d'action favorite fut l'île Maurice, dans l'océan Indien, d'où il traquait les convois anglais en route vers les ports des Indes.

LE « KENT » CAPTURÉ
Le plus célèbre exploit de Surcouf fut sans conteste la prise du *Kent*, un gros navire de la compagnie anglaise des Indes. La peinture montre *La Confiance*, navire de Surcouf, attaquant le vaisseau de 38 canons. Le navire pris, un officier anglais fit remarquer aux Français qu'ils se battaient pour le profit et non comme eux, Britanniques, pour l'honneur. Ce à quoi le corsaire répliqua vertement que chacun se battait pour ce qui lui manquait.

Canon de bronze

Les baguettes de chargement, souvent en acier, étaient pour les armes de qualité en ébène ou en fanon de baleine.

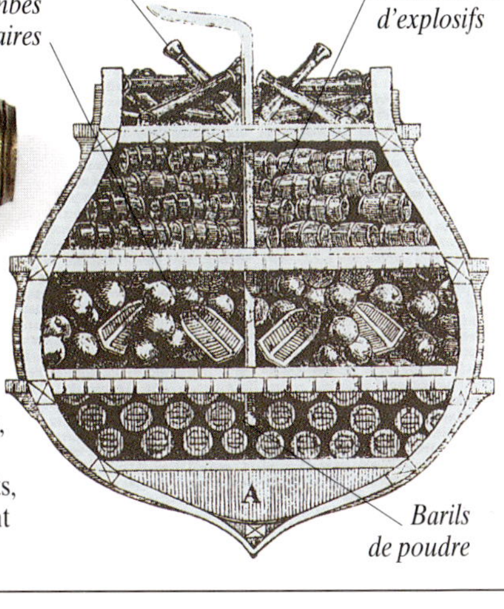

FEU D'ENFER
La machine infernale envoyée par les Anglais contre Saint-Malo était une monstrueuse poudrière de 30 m de long chargée ras la gueule de boulets, de vieux canons, de chaînes, le tout devant exploser au milieu du port. Hélas ! elle fut déviée de sa route par les courants, et le ponton vint s'éventrer sur les récifs du large n'offrant aux Malouins stupéfaits qu'un feu d'artifice de village.

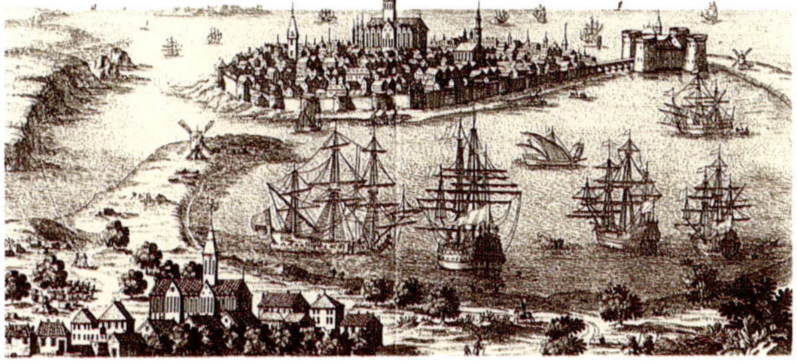

COFFRE-FORT DU ROI
Autrefois île, Saint-Malo fut rattachée à la terre ferme et au XVIIIe siècle devint une cité d'armateurs prospères auxquels le trésor royal ne manqua pas d'emprunter de quoi soutenir ses guerres ruineuses.

L'AMÉRIQUE A AUSSI SES CORSAIRES

La Révolution américaine (1775-1781) révéla l'extraordinaire utilité des corsaires, plus qu'aucune guerre ne l'avait jamais fait. La petite marine de la jeune Amérique ne comptait que 34 navires, mais à plusieurs reprises elle attaqua les flottes marchandes d'Angleterre, portant gravement atteinte au commerce. On peut lire dans la presse de l'époque : « Le commerce avec l'Amérique tire à sa fin, regardez nos quais, comptez les beaux navires désarmés et inutiles. » Comme lors des autres conflits, les armateurs lésés par les prises des corsaires accusaient ceux-ci de piraterie. Bien qu'officier de la Navy, John Paul Jones fut du nombre. Les corsaires américains reprirent du service en 1812, formant une génération de hardis marins de la voile qui assura le triomphe des clippers.

DE L'AUDACE...
Paul Jones doit peut-être à ses raids audacieux sur la côte anglaise son titre de « pirate ». Mais son audace à la mer lui assura une popularité sans précédent en Amérique. Bord à bord avec un vaisseau de la Navy qui le sommait de se rendre après une furieuse canonnade, Jones eut ce mot célèbre : « Mais je n'ai même pas commencé à me battre ». Trois heures plus tard les Anglais amenaient leur pavillon.

POUSSIÈRE
Un Anglais, écrivant de la Grenade en 1777, se lamentait sur le vol de milliers de tonnes de « poussière d'or » par les corsaires américains, quelque peu pirates à leurs heures.

Riz

MODESTES FRETS
Les cales des prises américaines n'étaient pas toujours bourrées de trésors. Pourtant, du riz ou du sel faisaient leur affaire et le malheur de leurs adversaires.

Sel

DÉFENSES D'ÉLÉPHANT
Au nombre des produits de valeur transportés on comptait des défenses d'éléphant. Pour les navires naviguant hors des convois, les compagnies d'assurance avaient augmenté leurs primes jusqu'à six fois celles du temps de paix.

COMBAT SANS ARMES
Philadelphie équipa de nombreux corsaires. L'un d'eux, le brick *Despatch*, quitta le port sans armement, faute d'avoir pu trouver des canons, mais avec l'intention de s'en procurer sur une prise anglaise, ce qu'il fit comme on le constata à son arrivée en France.

BUSTE D'UN PATRIOTE
Ni pirate ni corsaire, John Paul Jones (1747-1792) était en fait un peu les deux. Jeune élève officier sur un négrier, il s'enfuit aux Caraïbes pour échapper à une fausse inculpation de meurtre. Il entra dans la Navy en 1775 et six années de raids sur l'Angleterre firent de lui un héros. Il monta en grade, mais des rivalités politiques ultérieures le laissèrent aigri et usé. Il mourut en 1792.

BLUFF
Jonathan Haraden (1745-1803) est célèbre pour le dangereux coup de poker qu'il joua contre un navire anglais. Bord à bord, le pavillon de prise des corsaires hissé, Haraden exige de sa prise une reddition dans les cinq minutes. Il tient la mèche à la main au-dessus de la lumière d'un fort canon. Les cinq minutes écoulées l'Anglais se rend. Haraden s'essuie le front. Son canon n'était pas chargé.

GOÉLETTE À HUNIER
Les corsaires américains appréciaient les navires rapides. La goélette à hunier ci-dessus, était un de leurs favoris. Elle avait deux mâts ; le mât de misaine étant plus court que le grand mât. On gréait une voile carrée, le hunier, au-dessus des basses voiles du mât de misaine, ce qui augmentait la vitesse.

VILLE CORSAIRE
Avec un port naturel dans la baie de la Chesapeake, Baltimore était un centre de construction navale. De nombreux corsaires de la Révolution furent lancés dans les chantiers de cette ville du Maryland, d'abord déclarés marchands, puis devenus corsaires.

JEAN LAFITTE
Pirate né à Haïti, corsaire, négrier, et contrebandier, Jean Lafitte (1780-1826) et son frère Pierre étaient les patrons d'un gang de mauvais garçons qui rançonnaient d'une manière ou d'une autre le dixième des activités autour de La Nouvelle-Orléans. Mis hors la loi pour ses activités de négrier il obtint sa grâce pour avoir défendu la ville durant la guerre de 1812.

ATTAQUES
Les attaques des pirates de Lafitte visaient surtout sur des biens espagnols et la navigation dans le golfe du Mexique. Corsaires munis parfois de lettres de marque (p. 18), ils assuraient que leurs attaques étaient parfaitement légitimes. Cependant, ils ne manquaient jamais l'occasion de se faire quelques revenus dans la traite clandestine, retirés de leur bastion de la baie de Barataria, près de la Nouvelle Orléans.

SUR LES JONQUES DES MERS DE CHINE

Les mers et les eaux bordières de la Chine et de l'Asie du Sud-Est furent en leur temps le paradis des pirates. Des flottes de petits navires se dissimulaient aisément dans les marais côtiers et, dès le IVe siècle de notre ère, les pirates combinèrent les attaques de haute mer et celles de la côte. Lorsque les Européens parvinrent en Extrême-Orient, la piraterie atteignit son apogée. Des brigands tels que Ching Yih possédaient jusqu'à 500 bâtiments et Ching Chi Ling, au XVIIe siècle, commandait une flotte de 1000 navires, bien équipés et armés par des esclaves et des gardes du corps. Vers 1860, le commerce européen rançonné finit néanmoins par recouvrer sa liberté sur mer en chassant les pirates.

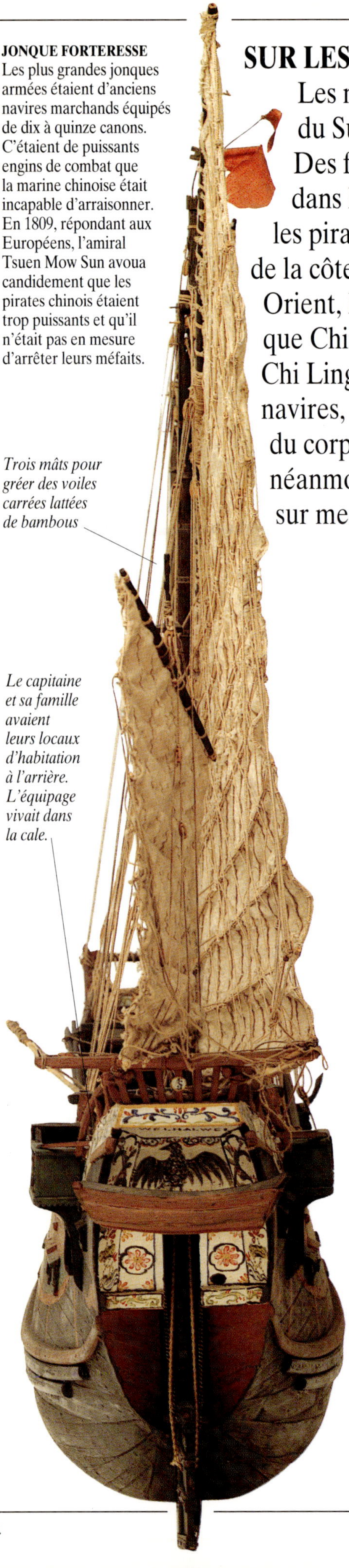

JONQUE FORTERESSE
Les plus grandes jonques armées étaient d'anciens navires marchands équipés de dix à quinze canons. C'étaient de puissants engins de combat que la marine chinoise était incapable d'arraisonner. En 1809, répondant aux Européens, l'amiral Tsuen Mow Sun avoua candidement que les pirates chinois étaient trop puissants et qu'il n'était pas en mesure d'arrêter leurs méfaits.

Trois mâts pour gréer des voiles carrées lattées de bambous

Le capitaine et sa famille avaient leurs locaux d'habitation à l'arrière. L'équipage vivait dans la cale.

FIGARO PIRATE
Chui Apoo, un barbier de Hong Kong, rejoignit la flotte du pirate Shap'n'gtzai en 1845 et devint son lieutenant avant de se mettre à son compte.

CUL-DE-SAC
Les canonnières britanniques détruisirent la flotte de Chui Apoo en 1849, au cours de la campagne contre Shap'n'gtzai.

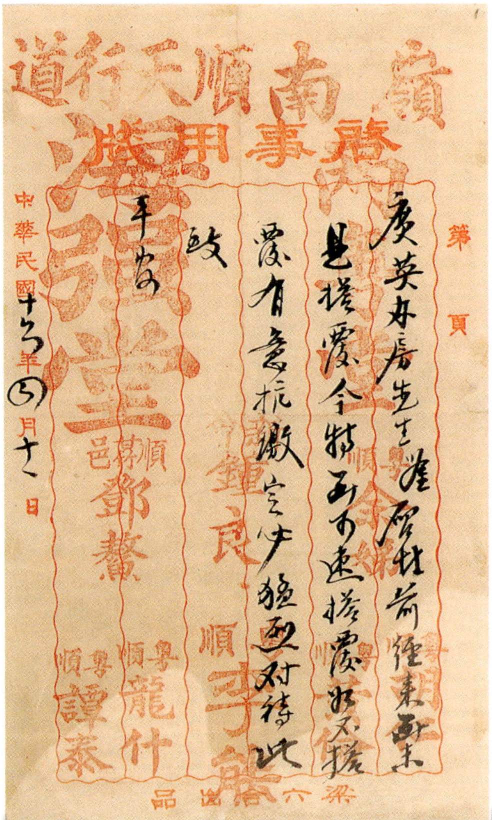

嶺南順天行道

RANÇONS
Tactique traditionnelle du XIXe siècle : la rançon des villages côtiers contre promesse de ne rien détruire et de ne pas faire de prisonniers. Le document ci-dessus est une demande de fonds adressée à un armateur en échange du libre passage de ses navires.

Le détroit de Malacca était le terrain de chasse préféré des pirates.

Depuis 1760 l'embouchure de la rivière de Canton était un port de pirates.

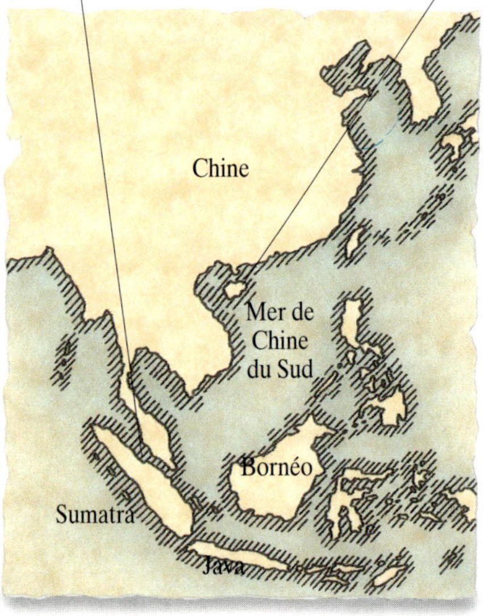

MERS DE L'ASIE DU SUD-EST
Si les grandes flottes pirates organisées contrôlaient le pillage de haute mer, les petites flottes locales étaient tout aussi actives.

PAVILLONNERIE
Les flottes de la mer de Chine étaient organisées en escadres, chacune arborant son pavillon. Ching Yih, selon l'usage, pavillonnait ses navires, les commandants de chaque flottille attaquant les premiers lors des coups de main. Cette belle oriflamme représente la déesse T'ien Hou qui avait le pouvoir d'apaiser la mer et de protéger les navires marchands.

Bien que T'ien Hou ait été considérée comme la protectrice des navires de commerce, curieusement les pirates la révéraient.

Les chauves-souris étaient un symbole de bonne chance. Leur nom chinois, « Fu », signifie « bonne fortune ».

DERNIER CARRÉ
La Navy britannique détruisit en 1849 la flotte du plus célèbre pirate d'Extrême-Orient. Mouillé à l'embouchure de la rivière de Haiphong, au Nord-Viêt-nam, Shap'n'gtzai se croyait en sécurité. Survint la marée et la renverse du courant qui ne lui permit pas d'orienter les canons sur les navires anglais. La victoire de la Navy fut totale.

Le chirurgien de marine Edward Cree a laissé dans son journal cette aquarelle fine et documentaire sur la fin de Shap'n'gtzai.

SABRE À DEUX MAINS
Pour le corps à corps l'arme traditionnelle des Chinois était un long sabre lourd tenu à deux mains. La lame bien maniée pouvait, dit-on, couper une cuirasse. Les Japonais, eux, étaient fidèles à un sabre léger manœuvré avec la rapidité de l'éclair.

Tête de pirate au bout d'une pique

PENDEZ-LES HAUT ET COURT !

« Danser la gigue du bout de chanvre », tel était le châtiment infligé aux pirates jugés pour leurs méfaits. La gigue du bout de chanvre c'était la danse de mort au bout du nœud coulant. Ce châtiment était l'objet de plaisanteries tant que les pirates n'étaient pas eux-mêmes condamnés à la potence. En vérité la vie quotidienne du pirate comportait plus de dangers mortels que la potence. En effet, peu de pirates étaient pris et la plupart mouraient blessés, estropiés, indigents, abandonnés des leurs. Ils étaient emprisonnés et non pendus car un prisonnier est une monnaie d'échange. Mais quelles terribles punitions que ces geôles puantes, noires, malsaines, pour des hommes du large !

LE NŒUD COULANT
La pendaison était le châtiment traditionnel des pirates. En Angleterre et dans ses colonies, les condamnés étaient pendus à marée basse de façon que leurs corps soient recouverts à marée haute, montrant ainsi qu'ils relevaient des lois de l'Amirauté. Leurs dernières paroles étaient souvent communiquées au public toujours avide d'émotions fortes.

PRISONS FLOTTANTES
L'Angleterre inaugura ces prisons flottantes en 1778. Mouillées dans l'estuaire de la Tamise ces coques étaient celles d'anciens navires de guerre condamnés pour vétusté. Plus tard, des prisons flottantes furent spécialement construites à cet usage. Le manque d'éclairage, l'humidité, la chaleur torride l'été, le froid glacial l'hiver faisaient de ces incarcérations des supplices.

PAS D'ARGENT, TU MEURS !
Une cellule solitaire comme celle-ci aurait été considérée comme un luxe par un pirate. Les cellules aux XVIIe et XVIIIe siècles étaient bondées et seuls ceux qui avaient les moyens de soudoyer le porte-clefs survivaient. Les prisonniers payaient aux gardiens leur nourriture, leurs bougies et jusqu'à la possibilité de se rapprocher de la faible chaleur du poêle qui était censé réchauffer les cachots humides des prisons.

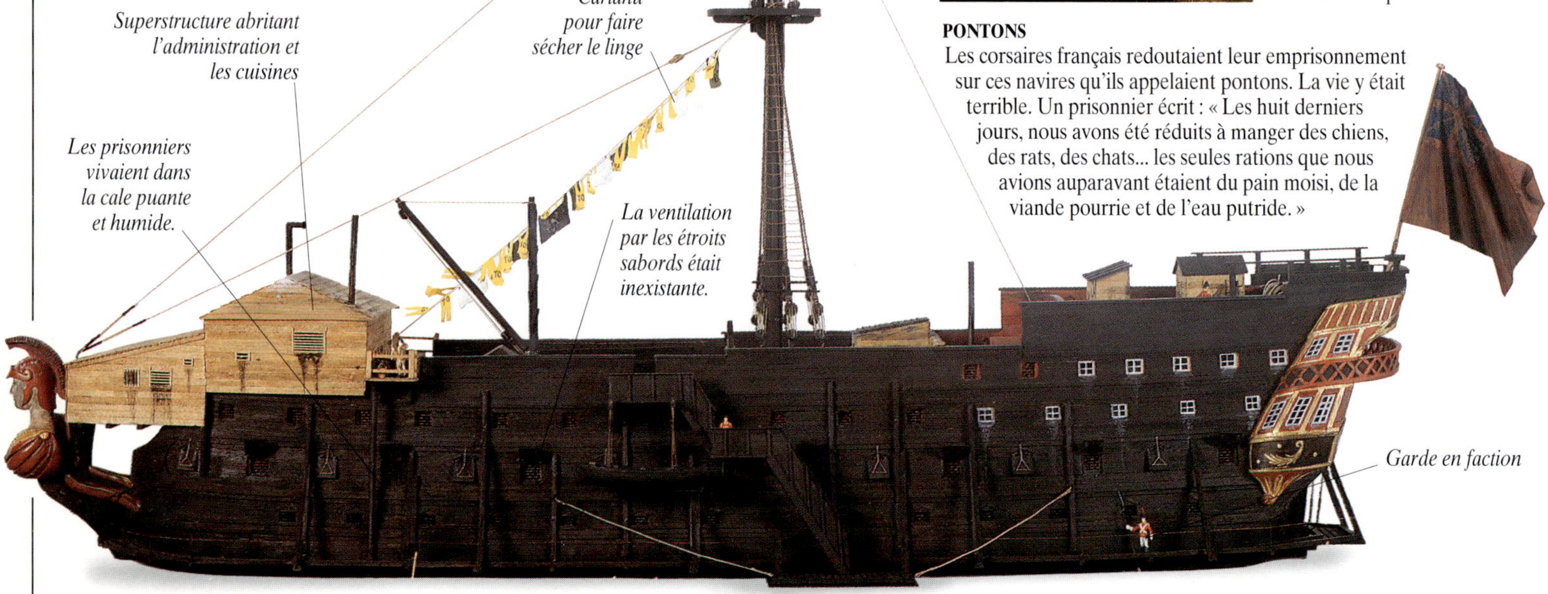

PONTONS
Les corsaires français redoutaient leur emprisonnement sur ces navires qu'ils appelaient pontons. La vie y était terrible. Un prisonnier écrit : « Les huit derniers jours, nous avons été réduits à manger des chiens, des rats, des chats... les seules rations que nous avions auparavant étaient du pain moisi, de la viande pourrie et de l'eau putride. »

AU BOUT DU ROULEAU
Comme la plupart des pendaisons de pirates celle de Stede Bonnet à Charleston, en 1718, fut un grand événement pour le public américain. Les docks étaient bondés. Jusqu'au dernier moment il attendit la grâce du gouverneur. Celle-ci ne fut pas accordée. Charleston eut son spectacle macabre.

Menottes

ENCHAÎNÉS
Souvent, on enchaînait les pirates pour empêcher toute évasion. Avant d'être envoyé en Angleterre, l'infortuné William Kidd passa l'hiver de 1699 dans la prison de Boston attaché par des menottes de 7 kilos.

Manilles et leur chaîne

EN ENTRANT ICI, ABANDONNE TOUT ESPOIR !
Kidd, comme de nombreux pirates, séjourna dans l'infâme prison de Newgate, surpeuplée et insalubre. Il y resta un an et ne la quitta que pour se rendre au tribunal. Il était si affaibli qu'il ne put assurer sa défense.

Crâne d'un pirate ancien non identifié

La cage en fer maintenait les os en place après que la chair putréfiée eut été mangée par les oiseaux.

De larges bandes de fer pour enserrer le torse

Cage de gibet du XVIIIe siècle

PENDU ET REPENDU
On pendait souvent les corps des pirates à un gibet et on les exhibait à la foule comme moyen de dissuasion. Afin que les amis ou la famille ne viennent pas décrocher le cadavre pour l'enterrer décemment, on enfermait le corps dans une armature de fer. Tout condamné était mesuré avant son exécution et les pirates craignaient plus cette pratique que la pendaison elle-même.

La cage de gibet était faite sur mesure par un forgeron.

SINISTRE AIDE-MÉMOIRE VISUEL
La pendaison de William Kidd en 1701 attira une foule immense au London Execution Dock. La première corde ayant cassé, on en passa une seconde. Il fut pendu et l'on enchaîna son cadavre à un poteau pour qu'il soit recouvert trois fois par la marée montante. On enduisit ensuite le corps de goudron pour qu'il ne se décompose pas trop vite et on le suspendit à Tilbury Point, avant-port de Londres, pour qu'il serve d'exemple à tous les marins naviguant sur la Tamise.

L'HEURE DU DERNIER VOYAGE

Après avoir prospéré 5 000 ans, les pirates et les corsaires finirent par disparaître à la fin du XIXe siècle. Vers 1800 la course était dans toute sa puissance, même si, depuis longtemps, les marines de guerre avaient cessé d'en avoir réellement besoin. En 1856, le traité de Paris finit par bannir les lettres de marque (p. 18). En outre, avec l'arrivée de la vapeur, les navires s'affranchirent du vent, devinrent beaucoup plus rapides que les voiliers des pirates. Leur action parut ainsi s'éteindre. Aujourd'hui, cependant, la piraterie renaît sous la forme de bandes armées qui, dans certaines mers chaudes, n'hésitent pas à dépouiller cargos, paquebots et plaisanciers passant à leur portée.

JUSTICE OU REVANCHE
La Royal Navy prit des mesures énergiques contre les pirates malais et indonésiens suspectés de mettre à mal le commerce maritime. Cette figure de proue colorée ornait l'avant du sloop HMS *Harlequin*, qui s'était fait une spécialité de la chasse aux pirates. Ce bateau quitta Penang en 1844 accompagné de deux autres bâtiments pour effectuer une expédition punitive au large d'Achin, au nord de Sumatra. Dans l'impossibilité de trouver ceux qu'ils étaient venus chercher, les capitaines de cette flottille ravagèrent sans distinctions toutes les habitations qui bordaient les côtes et qui leur servaient peut-être de base à terre.

TÊTE DE PIRATE
Celle de Barbe Noire fut suspendue à la pointe du beaupré du *Pearl*, bâtiment de la Navy.

FIN D'UN PIRATE
Personnage légendaire de son vivant, Barbe Noire le resta après sa mort. On sait qu'il se battit jusqu'au bout avant de tomber transpercé de 25 coups de sabre. A l'initiative du lieutenant Maynard, commandant le sloop *Pearl*, la tête du pirate fut tranchée et suspendue en signe de victoire au bout du beaupré.

LA VAPEUR À LA RESCOUSSE
Les premiers vapeurs avaient des mâts et des voiles mais la propulsion mécanique était assurée par des roues latérales. Les apercevant pour la première fois, les pirates crurent que les vapeurs étaient « en feu ». Mais ils furent encore plus surpris de voir ces machines avancer malgré le vent contraire.

CHIEN POLICIER
Apercevant deux bâtiments à l'est de Long Island, l'équipage du *Greyhound* (*Le Lévrier*), un bâtiment de la Navy, ne savait pas à qui il s'en prenait. Ce n'est qu'à l'issue de huit heures de combat que le *Greyhound* se rendit maître de la flottille conduite par Edward Low (p. 30). Les 26 pirates et leur chef furent pendus haut et court en 1723.

LE « SWALLOW »
Le dernier chasseur de pirates de la Navy fut un navire de guerre à voiles, le *Swallow*, puissante forteresse toute en canons. Ce bâtiment compte à son actif la capture du célèbre pirate Bartholomew Roberts sur la côte d'Afrique en 1722. Roberts, ayant témérairement engagé la bataille contre le *Swallow*, fut écrasé.

Souvenir d'une vieille tradition maritime, la figure de proue du Swallow *était moins travaillée que celles des bateaux plus anciens.*

C'est à fond de cale et aux fers que l'équipage du pirate Roberts fut ramené vers ses juges.

BOMBARDER LES BARBARESQUES
Les « corsaires » barbaresques renouvelèrent leurs attaques en Méditerranée durant les guerres napoléoniennes. La paix une fois revenue, les puissances européennes décidèrent de mettre un terme à la piraterie des forbans d'Alger. La ville fut bombardée en 1816 par des navires hollandais et anglais forçant le bey à relâcher ses prisonniers. La France occupa le pays 14 ans plus tard.

POUR CÉLÉBRER LA VICTOIRE
Une médaille et une inscription : « Alger bombardé et sa flotte détruite. L'esclavage des chrétiens aboli. » Un cri de victoire pour l'opération conjuguée des Européens.

Vue de la poupe du *Swallow*

Roberts savait que le Swallow *marchait mal au plus près. Il aurait dû exploiter ce handicap. Cruel oubli !*

Roberts fut tué par une décharge de mitraille tirée d'un des sabords.

Le *Swallow* vu de profil

LA LITTÉRATURE EN FAIT DES HÉROS...

À peine les flottes de guerre avaient-elles chassé les pirates des mers, qu'on oublia la calamité qu'ils avaient représentée. Les écrivains édulcorèrent le monde de la piraterie, transformant les criminels en simples coquins, voire en héros. Pourtant certains auteurs ont su retrouver le vrai visage de ce monde ensanglanté. Stevenson regroupe dans son « Île au trésor » d'effroyables personnages. Qui, en effet, ne partagerait la terreur du malheureux poussé à la mer au bout de la planche ? Qui n'aurait le cœur qui bat lorsque le trésor est découvert ? Émouvantes histoires, mais aussi visages vrais de l'histoire.

HÉROS DE BYRON
Le poète anglais lord Byron (1788-1824) fit beaucoup pour imposer l'image mythique du pirate romantique. Son célèbre poème *Le Corsaire* parut quelques années à peine après la disparition de la piraterie. Byron excuse les crimes de son héros en disant : « Il se savait lui-même un scélérat mais il estimait que ses victimes ne l'étaient pas moins. »

CAPTAIN FLINT
« Pièces de huit ! » le cri de guerre du perroquet de John Silver, célébrant de nouvelles prises.

BUCANIERS
OF
AMERICA:
Or, a True
ACCOUNT
OF THE
Most Remarkable Assaults
Committed of late Years upon the Coasts of
The West-Indies,
By the BUCANIERS of *Jamaica* and *Tortuga*,
Both *ENGLISH* and *FRENCH*.
Wherein are contained more especially,
The unparallel'd Exploits of *Sir Henry Morgan*, our English *Jamaican* Hero, who sack'd *Puerto Velo*, burnt *Panama*, &c.

Written originally in *Dutch*, by *John Esquemeling*, one of the *Bucaniers*, who was present at those Tragedies, and Translated into *Spanish* by *Alonso de Bonne-maison*, M. D. &c.

The Second EDITION, Corrected, and Inlarged with two Additional Relations, *viz.* the one of Captain *Cook*, and the other of Captain *Sharp*.
Now faithfully rendred into English.

LONDON: Printed for *William Crooke*, at the Green Dragon without *Temple-bar*. 1684.

VRAIES HISTOIRES SCÉLÉRATES
Le Français Alexandre Oexmelin (1645-1707), qui a navigué dans les Caraïbes avec les boucaniers, nous a laissé un des plus authentiques « reportages » sur les pirates du XVIIe siècle. Ses descriptions de la cruauté de leurs mœurs, publiées pour la première fois en Hollande en 1678, font encore frémir le plus aguerri des lecteurs.

PIRATE ET PERROQUET
En créant le sinistre Long John Silver Robert Louis Stevenson (1850-1894) inventa le modèle du pirate qui inspira nombre d'écrivains par la suite. Silver ne gagne la confiance des forbans de *L'Ile au trésor* (1883) que pour mieux les trahir plus tard.

CHASSE AU TRÉSOR
Dans *L'Ile au trésor*, le jeune Jim Hawkins prend la mer à bord du navire *Hispaniola* pour retrouver un trésor pirate. Mais Jim surprend la machination des deux coquins Silver et Hands pour s'emparer du navire et tuer l'équipage.

CARTE MYSTÉRIEUSE
Dans le livre de Stevenson la carte du trésor est celle d'une île au dessin surchargé d'indications mystérieuses. Un vrai pirate aurait-il réellement laissé de tels indices ?

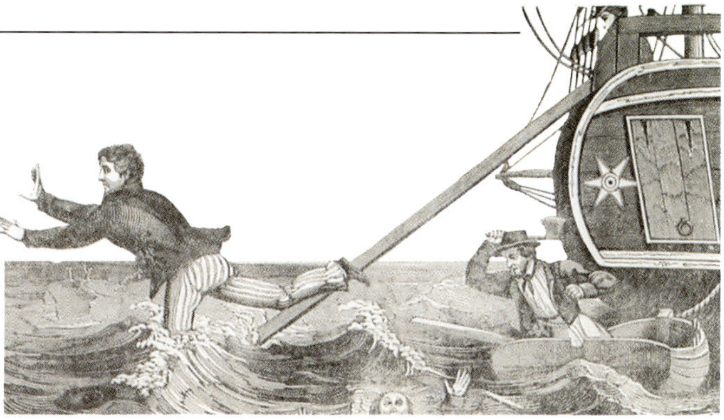

VERS LE CIMETIÈRE MARIN
Charles Ellms, imprimeur à Boston, publia son ouvrage, *Le Livre des pirates*, en 1837. Mélange de fiction et de vérité, la publication eut un grand succès. Ellms raconte en particulier le supplice de la planche, mais on ne peut affirmer avec certitude qu'un seul pirate ait noyé un prisonnier en le forçant à avancer sur une planche accrochée au flanc de son navire.

ÉCHEC AUX PIRATES
« Un échelon de plus, monsieur Hands, et je vous fais éclater la tête. » Boucanier mutin, Israël Hands se moque de l'avertissement de Jim Hawkins, et monte d'une enfléchure. L'instant d'après, la tête percée d'une balle, Hands dévale la mâture et s'enfonce dans l'océan.

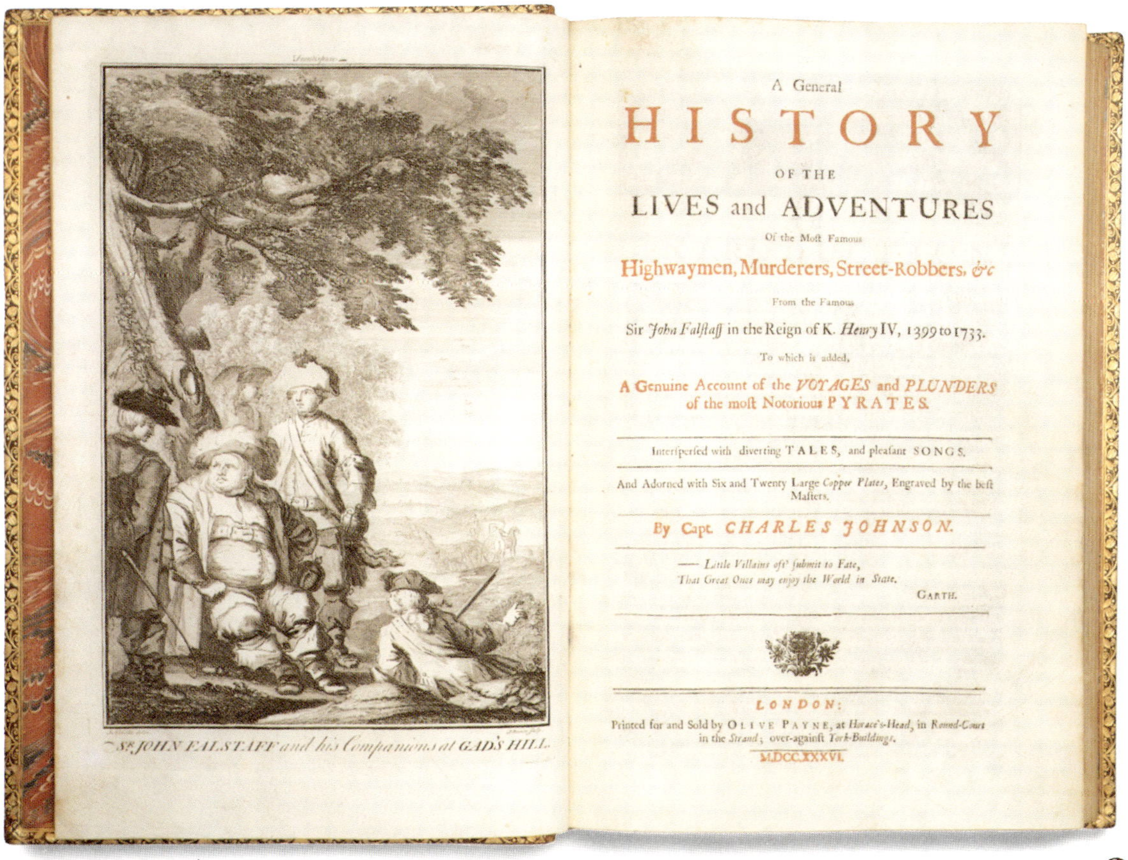

Sr. JOHN FALSTAFF and his Companions at GAD'S HILL.

A General
HISTORY
OF THE
LIVES and ADVENTURES
Of the Most Famous
Highwaymen, Murderers, Street-Robbers, &c
From the Famous
Sir John Falstaff in the Reign of K. Henry IV, 1399 to 1733.
To which is added,
A Genuine Account of the VOYAGES and PLUNDERS of the most Notorious PYRATES.

Interspersed with diverting TALES, and pleasant SONGS.

And Adorned with Six and Twenty Large Copper Plates, Engraved by the best Masters.

By Capt. CHARLES JOHNSON.

—— Little Villains oft' submit to Fate,
That Great Ones may enjoy the World in State.
GARTH.

LONDON:
Printed for and Sold by OLIVE PAYNE, at Horace's-Head, in Round-Court in the Strand; over-against York-Buildings.
MDCC.XXXVI.

HISTORIEN MYSTÉRIEUX
Une Histoire générale des pillages et meurtres des plus célèbres pirates parut en 1724. Elle décrit les « faits d'armes » des Barbe Noire, Bartholomew Roberts, Mary Read et Anne Bonny peu avant leur capture ou leur exécution. Le livre inspira nombre de romans, et certains pensent qu'il est dû à la plume de Daniel Defoe.

UNE HISTOIRE DE PIRATES
Le Pays de Nulle Part, John, Michael, Wendy et les enfants perdus contre le capitaine Crochet et ses pirates. On retrouve tous ces personnages dans *Peter et Wendy*, un ouvrage connu dans le monde entier.

PAN ET CROCHET
L'adversaire de Peter Pan, le capitaine Crochet, était dans la fiction le maître d'équipage de Barbe Noire, et l'auteur, J.M. Barrie, prit quelques traits du vrai pirate Edward Teach.

La bande d'amis de Peter Pan s'attaque bravement aux pirates bien plus forts qu'eux.

Peter Pan et Crochet se battirent à mort sur un rocher pointu et glissant. Peter, bien sûr, « à la loyale ».

STÉRÉOTYPE
Les souvenirs du XIXe siècle font réapparaître l'acteur Pitt dans le rôle du pirate Will Watch sur fond d'imagerie populaire.

... LE CINÉMA LES IMMORTALISE

Fanfaron à l'écran, cabotin sur scène, le pirate offrait aux scénaristes un personnage tout prêt à mettre en action. Il pouvait jouer le vilain méchant, l'aventurier risque-tout, le héros romantique, le hors-la-loi victime de la société. Les premiers pirates de comédie montèrent sur les planches dès 1612, mais le thème ne fut vraiment exploité qu'un siècle plus tard. Quant au cinéma, dès sa création il fut séduit par ces ferrailleurs pittoresques qu'il dépeignit comme des bravaches au grand cœur et auxquels le son et la couleur donnèrent par la suite une dimension supplémentaire.

HABIT DE SCÈNE
Empesé et lissé au fer, le costume du brigand de comédie contraste avec les haillons ensanglantés des boucaniers. C'était là leur seule « parure » en attendant celle empruntée à une malheureuse victime.

Tête de marionnette en bois peint

Un coutelas de boucanier

GUIGNOL
Violentes et se succédant à un rythme rapide, les aventures de pirates constituent des scénarios parfaits pour les théâtres de marionnettes. Dans une parodie du XIXe siècle, pleine d'un humour féroce, les flibustiers des Caraïbes se sabrent sans pitié, l'Anglais maniant le coutelas, l'Espagnol la rapière.

Marionnette pirate à l'anglaise.

CROCHET À HOLLYWOOD
Dans *Hook*, le remake de Peter Pan mis en scène par Steven Spielberg, Dustin Hoffman interprète le rôle du capitaine Crochet.

LES SENTIERS DE LA GLOIRE
Dans les années 50, pas moins de neuf films au sujet des pirates sortirent sur les écrans. *Le Pirate rouge*, où jouait Burt Lancaster (1952), était l'un des meilleurs.

COUVRE-CHEF EN BATAILLE
La petite histoire rapporte le mot d'un des séides de Bartholomew Roberts jeté à la mer, blessé, après l'explosion de son bateau : « Misère ! j'ai perdu mon meilleur chapeau. » Meilleur que ce chapeau de théâtre ?

ORIPEAUX DE BRETTEURS
Les premiers films en couleurs se plaisaient à montrer des costumes jaune criard et rouge vif qui, paraît-il, rendaient bien à l'écran en Technicolor ! A tous coups, un navire en feu apparaissait en fond de décor.

À VRAI DIRE.
Une fascination pour Anne Bonny incita Hollywood à produire *Anne des Antilles* (1951), mais hélas le film n'échappa pas à une approche historique de fantaisie. Jean Peters, jouant Anne Bonny, s'y montrait combattant Barbe Noire qu'elle n'avait pourtant jamais rencontré dans la vie réelle.

Marionnette pirate espagnole

La rapière espagnole

EN GARDE !
Le film *Captain Blood* fut tiré d'un roman de cape et d'épée de Rafael Sabatini. L'affiche de la version française illustre le processus de métamorphose des pirates en héros au grand cœur.

DU SANG À LA HUNE
Dans le *Captain Blood*, de 1935, Errol Flynn (1909-1959) apparaît en pirate héroïque. Le film était une reprise de la version noir et blanc de 1926 *Le Pirate noir*. Ce rôle flamboyant fut à l'origine de la carrière de Flynn, à la fois grande star et digne successeur de Douglas Fairbanks (1883-1939) qui avait joué, lui, dans la version muette.